原野

收藏拾粹

王炳奎　著

上海三联书店

序

　　一场众志成城、共克时艰的抗疫战，取得了阶段性初步成效，迎来了阳春三月，春暖花开、万物复苏的季节。毗邻上海母亲河——苏州河蝴蝶湾畔的恒丰里小区，一栋普通住宅楼里"原野收藏"第三本书付梓在望，又将面世了。

　　《原野收藏拾粹》新书，按奇石、根艺、瓷陶、杂件和拾贝，即《游山玩石》、《赏心阅木》、《伴泥同行》、《掌上把件》和《收藏拾贝》等五个章节编辑。全书一百二十多篇文章，记录了作者围绕藏品敞心扉、忆藏事、说藏趣、颂文明、扬正气、传历史，并力图以新的面貌，在内容、结构和层次上有所提高，试图由"趣"、"经"达到"粹"的效果和境界。

　　中国是一个拥有五千多年历史，竹苞松茂、博大精深，文化底蕴深厚的泱泱大国。祖先留传的每件珍贵遗产，蕴涵了丰富的学识，记载了他们匠心追求、卓越的智慧和非凡才能，开辟了一片广阔的天空。我们从《史记》中知道中国的四大发明；从李时珍的《本草纲目》中得知中草药的妙用；从《天工开物》中了解农业和手工业生产的发展端倪……祖先们记载的文化遗迹中，让我们获取了无数的宝贵经验和丰富知识。

　　原野的兴趣爱好是收藏。多年来，为收藏走南闯北足迹遍及了上海相关市场和不少产地市场：从最早的福佑路、会稽路和新城隍庙到散落在全市的奇石花卉市场，从较具规模的藏宝楼、华宝楼到三更店址的友谊商店，从闻名全国的北京潘家园到天津、太原、南京、苏州文庙等古玩市场，从历史悠久的景德镇、德化、石湾和宜兴瓷陶市场……为了寻觅"宝贝"，他不畏艰辛，如小品《徽韵》的创作，他忘记吃饭只身在石湾苦苦跑了五个多小时，才找到了合适但已停产的徽派民居陶塑。为得到真正的六道木他长途跋涉亲赴天水山区，但返程只购得硬卧上铺车票，无奈卷缩着沉重的身子爬上顶层，度过了艰难的一整夜。为单位寻觅正宗太湖石，他几下产地，最终冒雨全身湿透，在宜兴华东奇石市场觅得一方三十多吨至今耸立在局大门庭园前的"莲花"太湖石……

原野认为收藏也是一种爱国行为，作为一名收藏者来说不光是收藏，更是一种文化的传播，几乎每件好的藏品，他都能写成一篇耐人寻味、内涵丰富的好文章。光阴荏苒，守望初心，矢志不渝，夜深人静他总是倚着床，点着灯，仍痴痴地读着文字，偶有所得，欣然提笔，鉴古思今，引经据典，笔耕不止。文章简短、文字清晰、文图并茂、情理并蓄，除记载作者收藏交往中闪耀的火花，还佐以大量照片和藏品图片，文章里透显出作者对艺术孜孜以求的高尚情操，以及热爱生活的执着精神。作者还将收藏过程作为学习的过程，作为提高认知的过程。多年来他始终如一，真可谓赏析东南西北藏趣，阅尽缤纷四季藏乐，阅不尽的柔情，如水浸漫他的收藏情愫，成为大家在文博媒体上熟悉的"撰稿人"，成了一位在圈内盛名的"今玩"玩家和"快乐"藏家。2015年8月《上海商报》和上海《劳动报》专此，先后分别作了"快乐收藏人"、"做一个快乐的收藏人"新闻报道；2018年8月上海《金融报》又作了"做个快乐有心的收藏者"的新闻报道；2016年6月《东方早报》和2018年9月《劳动报》还对其收藏分别作了《石奇含天地》、《带着主题去收藏》的专访报道，2019年1月10日上海市收藏协会的新年首期《上海收藏家》报第二版（158）专门为他作了"海派收藏家"专题报道。作者空闲之余，笔耕不辍，已完成千余篇书稿，其中近300篇已在《新民晚报》、《劳动报》、《上海金融报》和《上海收藏家》等市级报刊上公开发表，并被更多新闻媒体转载、发表。其中2014年12月6日刊登于《新民晚报》B10版的"化腐朽为神奇"一篇文章，先后引起了全国（包括香港、台湾）六十多家新闻媒体转载发表。2015年、2018年分别出版了《原野收藏拾趣》和《原野收藏拾经》著作。

总之，《原野收藏拾粹》一书，陪您"游山玩石"；伴您"赏心阅木"；同您"伴泥同行"；让您"掌上把件"；与您"收藏拾贝"。书籍是人类最宁静和永恒的朋友，是最善解人意和最具智慧的顾问，是最有耐心的良师益友。书籍如同一把钥匙，它能帮助我们开启心灵的智慧之窗。

莎士比亚曾经说过："生活里没有书籍，就好像没有阳光；智慧里没有书籍，就好像鸟儿没有翅膀。"

但愿他的新著可以让您，视野更开阔，思维更睿智，生命更厚重，生活更精彩！

《新民晚报》2020年3月24日第21版

目录

游山玩石

赏心阅木

伴泥同行

掌上把件

收藏拾贝

游山玩石

灵璧·长城

　　举世闻名的中国万里长城是人类一项伟大的建筑工程。它起伏盘旋在重峦叠嶂之间，纵横飞舞，延绵万里，它的一砖一石一关一城都是古代劳动人民工程技术和建筑艺术的结晶，是血汗与智慧的凝结，是世界建筑史上的杰作，气势磅礴，坚固雄伟，被视为世界七大奇迹之一。喜欢收藏奇石的我，早就萌生了创作这个主题作品的念头。

　　首先，寻觅一方能充分表达祖国山川大地的石材。多年前我在昌化路花鸟市场觅得一方彩灵璧石，石长56厘米，宽18厘米，高8厘米。其形俊，应属平远山峰，山势主从罗列、纵横铺排、浅峦高岑、陡缓张弛、参差错落、疏密有致、绵延起伏，如越关隘，远山在望，蔚然深秀，令人有壮游天下之思；其色美，为正宗的彩灵璧，玩石行家对灵璧石有句行话"多见单色，少见多色，罕见彩色"它由红、黄、黑三色构成，是一方毋容置疑的彩灵璧；其质佳，肌理缜密，质素纯净，坚固稳实，有分量感和温润感，含坚贞之特质，扣之有声，实属灵璧磬石。总之，是一方集形、质、声、色诸美于一身，颇具一览众山小，壮观天下趣味的美妙奇石。它充分展现"天下第一美石"的卖相和特质，实属是精品，可以担当角色。

　　其次，寻觅配件。万里长城是由烽火台和城墙连接起来一条在崇山峻岭之间蜿蜒回旋、绵亘万里的东方巨龙，是我们这个国家的文化符号，也是我们民族的精神图腾。因此烽火台和城墙是长城的作品表达的主题，也

是关键。烽火台又称烽燧，俗称烽堠、烟墩、墩台。古时传递重要军事防御设施台，系白天施烟，夜间点火，台台相连，传递消息的设施。虽说"工程"构件并不复杂，但要寻觅恰如其分表达饰物，实属是难事，我网上查，市场兜，朋友中打听，四处寻觅"烽火台"和"城墙"的"建筑材料"。我对配件严格掌握两条基本原则：一是要求能准确表达与长城相接近的材质；二是饰物少而精，不搞多而杂。要能充分体现长城的一砖、一台和一关的真实形象。

最后，查阅资料、确立主题、策划构思、筹措准备和付诸实施。好在时代在发展，社会在进步，当今事时已进入全球化3.0时代，同玩手机一样，盆景、赏石艺术配件也有了新的品种，款式不断创新、花样别出、种类繁多，就材质来说有陶塑、石刻、塑料和树脂等，其中价格适中、材质坚固、形象逼真的树脂材料我认为相对比较理想。"功夫不负有心人"经过努力我最终找到所需的树脂烽火台、城墙，就烽火台我就觅到大小形态不同五种规格。其中圆形的烽火台被我利用改制成长城转弯的衔接部位；城墙也觅到了两种，经加工后成为四种不同的规格。为了烘托场景、营照氛围，我还专程赶到福州路355号上海文化用品商厦，觅来了一些仿真绿树。经过几年的努力，这方"灵璧·长城"经我的双手总算顺利完工了，它圆梦了我的爱好和理想。以我的智慧描绘赞美了巍峨雄壮的长城。长城屹立在这方具有万嶂承宇、浩然气象的灵璧山形石中，方寸之间包罗八荒，尽显俊美的雄姿，不愧为是一件兼容并蓄、雍容典雅的美石摆件。万里长城是堪与埃及金字塔相媲美的举世无双的伟大建筑工程，是世界古代史上最伟大的军事防御工程。自公元前七八世纪起，延续不断修筑了二千多年，它分布于中国北部和中部的广大土地上，总计长度达五万多公里，被称之为"上下两千多年，纵横十万余里"。长城记载着中华民族历史上文化的辉煌，是一座稀世珍宝，也是艺术非凡的文物古迹，它象征着中华民族坚不可摧永存于世的意志和力量，是中华民族的骄傲，也是整个人类的骄傲。"灵璧·长城，登场亮相；民间收藏，天地宽广！"

（图片摄影：王　路）

《新民晚报》2019年4月10日第21版

觅石

沪太石博会最后一天的下午，喜欢藏石的我，特意约了朋友梁栋，驾车前往石展觅石。

今年的石展规模不小，来自各地商家带来了不少除灵璧、太湖、英石和昆石四大国石之外的其他石种。我们首先来到吉林的松花石摊位，该石又名松花玉，因色艳如玉而得名。色以绿、紫、黄等居多，形体奇特，带有横向、纵向丝状的纹理，点线并存，我主动向小梁娓娓道来，不料被他立刻打断，"石好不在于质地，丑石丑石在于形"。我顷思：有道理，否则怎会称奇石呢？小梁有意带我来到安徽宣石摊，并称该石种近年较热门，地质学上称石英岩，因含大量石英，颜色洁白与雪花相近，具有皑皑白雪感觉。名堂较多，其中密集簇生似灯草细条状称"灯草宣"块状小颗粒组成称"米粒宣"，有黑白相间，称"水墨宣"常用以表达山水瀑布或雪山盆景为佳。接着我们又逛到了产于贵州省安顺市三岔河流域的古铜石（亦称夜郎石）摊位。它以色似古铜而得名，石上肌理凹凹纵横、包块、沟槽、圈点自然天成，构成似摩崖石刻，或风卷云涌、惊涛骇浪等意韵，形态象形、似物、变幻无穷。相邻摊位是来自陕西铜川陈炉镇而得名的陈炉石，石面油质光亮，温润细腻，隆起的表面纹理清晰多变，酷似壁画浮雕。小梁比划着向我介绍上述近两年才发现的新石种，两种石质均较坚硬、色泽内敛、古朴典雅。当地的武陵石和龙骨石也进入小梁的视线，他满意地收下了两块紫玲珑石。

时间飞快，转眼夕阳西下，即将结束此行时，我又拖着小梁来到石展的北边最西侧，灵璧石摊位。"灵璧石名列四大国石之首当之无愧，但该石现已很普及且造型山子俱多。要跳出圈子，寻觅皮壳纹理清晰，更要形态神奇不凡的。"小梁对我如是说来。我会意点头并立刻走到铺内最里角，端出一方洞石，小梁见后，跷起了大拇指表示认可，我顺口请他赐

名，他回过头笑了笑说："水月洞天"。我暗自赞叹：小梁赏石功力厉害。经与老板商议成交，最终抱回了这方灵璧石（如图，石净长28厘米，宽18.5厘米，高12厘米）。我已经是第四次来觅石了，这真是"天生爱好结石缘，财疏学浅就石全；没有执着爱石恒心，岂得水月洞天美石"。

（图片摄影：王 路）

《新民晚报》2018年12月18日 第23版

迷你太湖石

　　三十年前,我在原民立路花鸟市场,花五元钱买了这块石头,回到家里不料被家人骂了一顿,一块拳头大的石头还要花五元钱去买回来。(其实那时玩石人少,物价又低,当时花市边的汉中路餐饮店吃碗大排面不过一元多就够了)。太湖石,又名窟窿石、假山石,是因石灰岩遭到侵蚀后而形成的一种玲珑剔透的观赏石。它体现"皱、漏、瘦、透"之美,其色泽以白石为多,少有青黑石、黄石。因盛产出于太湖地区而古今闻名。

　　该石长16厘米,宽8厘米,高9厘米。石体虽片掌之大,玲珑剔透却蕴万物之象;石表呈青褐色,布满纵横交错的白径,四周有孔,石纹贯通,具有"纹理纵横,笼络隐起"。石呈卧虎状,四面可观,石体怪异别致,有琼台、坡道、陡壁,并且布有天然的洞孔,小小石体竟含大小各异六个

天然石洞，且洞洞通彻；石色以深黑、青灰、浅灰为主，浓淡分布匀称，并夹有少量的土黄色层，层次分明，也有青灰色为本间白色条纹的；石上纹理似木纹、波浪状、纵横交错，清晰多变。虽一拳之小，尽藏千岩之秀。集太湖石大美于一身，于方寸间展现万物情态，以"试观烟云三山外，都在美石一掌中"来形容这枚太湖石的魅力，是最恰当的了。桌前清茶一盏，手中奇石一方。在那方寸间任由你细细品味……

值得一提的是，一般作为案石而摆放于书桌、文案之上的太湖石，其质量要求较高，石体不仅要大小适中，更重要的是石体要奇巧、造型多变。太湖石作为我国传统的观赏石品种之一，文化和历史底蕴深厚。长期以来深受收藏者和投资者的青睐。赏石、玩石、藏石已经成为了大众茶余饭后的日常文化活动，太湖石由于其具有浓厚的文人色彩，因而古今往来很多文人墨客颂之，绘之，藏之。

（图片摄影：王 路）

《新民晚报》2019年04月22日第21版

泥石·风吹草低见牛羊

　　这方绿泥石是在沪太路石展上收来的。泥石也称为古陶石，各地均有分布，以新疆和黄河滩多段所产为有名，新疆特有的戈壁奇石，因其形态古拙、质地细腻被奇石界誉之为"大漠瑰宝"。

　　它是一件呈梯形状的纯真绿泥板，长31厘米、上底9厘米、下底19.5厘米、高3.5厘米。形态极佳，石面起伏多变、走势流畅、布满明显的凹凸流水线槽纹理，层层多变、蜿蜒流畅，酷似广袤无际、充满生机的碧绿原野，又似铺满郁郁葱葱的天然牧场。于是我产生了创作草原主题作品的念头。"风吹草低见牛羊"的立意构思便自然形成了。为了寻觅牛羊配件，我四处打听、几经周折，终于如愿觅到了来自德国的FALLER微塑模型，其大的尺寸为1.5厘米，小的仅0.5厘米，精致逼真、形态各异、栩栩如生，配上这块漂亮的熟泥石，完成了一件完美的小品组合。这块呈梯田般的绿泥石，酷似遍布原野的绿毯，隐约可见远处悠然自得的花白奶牛和雪白的

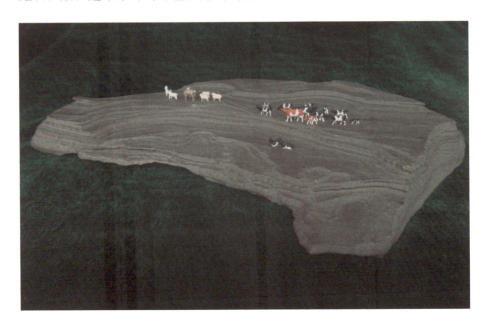

羊群，有的低头吃草，有的昂首远眺，有的安详静卧……一幅牛羊肥壮的草原全景画面逼真地呈现在我们面前。忽然，它让我回想起2007年夏赴内蒙阿斯哈图石林，途见美丽的贡格尔草原一幕：湛蓝的天空下，越野车在一望无垠的草原上急速奔驰，这里绿草如茵，草深没膝，满眼青绿，无边无际地伸开去，只有那同样辽阔的天宇，如同毡帐一般从四面低垂下来，罩住浩瀚的草原，顿觉流连忘返、心旷神怡。草原是牧民的家乡，牛羊的世界，因牧草丰茂，牛羊群常被隐没在绿色的海洋里。只有当一阵清风吹过，草浪翻动荡扬起伏，在牧草低伏下去的地方，才闪现牛羊出来。那花白的牛，雪白的羊，东一群，西一群，忽隐忽现，到处都是。眼前，令人赞叹的景色，由青苍一色变为多彩多姿，整个草原充满了勃勃生机，连那穹庐似的天空也为之生色……

据了解泥石分为两大类：熟泥石和生泥石。熟泥石质地相对细腻而且颜色丰富，分为棕色、绿色、黄色和黑色等，因此最具有收藏鉴赏价值，而生泥石因质地较粗、含有杂质、没有包浆，颜色又单调等原因，所以它不被收藏者看好。但新疆泥石的不足之处是造型简单，变化不大，多为椭圆、长条状，一般很难出型，这方理想完美的泥板更是难觅。天地造化，万物有灵，石之灵性非人人尽可悟，只要用心去感悟、去聆听，就能达到精诚所至金石为开的境界，获得"石不能言最可人"的真谛。它再现了"风吹草低见牛羊"的壮丽景观，描绘了一幅水草丰盛，有静有动，有形象，有色彩。惊现如此妩媚潇洒、层层叠叠和绿浪滚滚的草原世界。

（图片摄影：王 路）

《新民晚报》2019年11月20日第19版

玛瑙·秋山

　　这方玛瑙山形案石,是从上海钦州路花卉市场觅来的。它是戈壁玛瑙,也是玛瑙的一种。质地坚硬,摩氏硬度为7～8,色像霞光,润似水晶,含有多重微量元素。主要产自我国内蒙阿拉善、新疆等戈壁地区。石质非常细腻,形态相当丰富,酷似一幅充满秋意的立体山峰图。

　　该石长18.5厘米,宽10厘米,高14厘米。其形,石体山势绵延起伏、浅峦高岑、张弛有度,呈一峰耸峙,众峰拥簇,前低后高,前小后大,高低参差,尊卑分明,高下相谐,聚散有度,壁立千仞,体势雄强。观之令人顿生高山仰止,崇高壮美之感;其色,已入深秋,山顶萧飒隐见淡黄色的惊悚枯枝,夏蝉走了,秋虫去了,山上光秃秃的,黄叶早已铺满了小路,尽是大大小小的石头疙瘩,山腰盘旋的那曲折险峻的实木栈道,幽深的峡

谷之中，升腾着神鬼莫测的氤氲山气；其景，粗旷的山体，敦厚的栈道，别样的景致，镶嵌在天边的连绵起伏的山峦，如一副神奇的轻纱帷幔，在夕阳的照耀下反射出闪闪的金光，显得分外壮丽，一幅隐涵充满粗犷而冷峻的俊山秋意图。

日出日落，月圆月缺，春生秋果，天地轮回，世间万物不停地春花秋月，人生不断地时起时落，似初花般灿烂夺目，似枯枝败叶般终老归根，乐也为其一生，悲也终其一世。人生一世，莫与春花争艳，莫与富贵比荣，随波逐流而来，随风逐雨而去，不枉此生此行也。这方玛瑙不仅生动地表达了深秋景色，而且告诫我们人生要经得起磨难的考验。遇到命途坎坷，也许有时会对命运失望，却永远不能绝望，因为路还在我们脚下。只要我们勇敢坚强地踏出每一步，我们的梦最终会实现，因为我们知道，阳光总在风雨后。而且，只要我们经历风雨，迎接我们的就不仅仅是阳光，更有那五彩斑斓的彩虹。让我们勇敢的心灵，去发现希望，拥抱希望吧！

（图片摄影：王　路）

莲花石·岗上人家

　　我觅得一块莲花石，石长27厘米，宽13.5厘米，高9厘米。整体呈"Z"字状，由两个高低平台组成，石面呈青褐色，石纹细腻、清晰。它系安徽莲花石。该石产在宿州市灵璧县西北80公里处，主要用于制作假山，修理驳岸，以及盆景假山。莲花石表面横竖乱纹，类似龟壳上的纹理，侧面还有棱角，与莲花瓣相似，所以当地人称它为莲花石。

　　秉承保护传统文化积淀和精神底蕴"修旧如旧"、"修旧如故"的理念宗旨，按照"玩石行当规矩"，我在两个平台上，分别为其"添置、修缮"了两套小青瓦盖屋面，石板围墙、地面的山乡民居。近观，一件精致完美的岗上人家的山乡民居小品组合；远观，疑似消散了炊烟的山岗一片宁静，青石板上湿润的石阶，串起遥远的故事，让你在清闲时慢慢回味，

细细欣赏这寂静的山乡美景。

　　它运用了咫尺千里，缩龙成寸的艺术手法令作品小中见大，微中显伟。观之让人赏心悦目、怡情养性，以优美的造型和深远的意境，再现出大山名川诗情画意的生活图景。用满怀情意的创意手法，将美丽乡村留在微景中，融进石纹里，让观者品读山乡老房故居风貌，回忆曾经留下的美好往事，沧桑却不显凄凉，朴拙而不失灵气，独出机杼，韵味悠长,虚实相生，形神兼备，颇具独特的沧桑美、自然美和原始美。

（图片摄影：王 路）

武陵石·桃园三结义

    我是一名游山玩石者。因对石头感兴趣，所以旅游景点往往喜欢选择有山有石的地方。前不久，沪太石博会上我觅到了一块武陵石，该石长16厘米，宽11厘米，高9.5厘米，石体虽然不大，形态相当别致，由三块高低不同、形态各异的连体石头组成，但形态乖巧，它让我回想起2007年夏，赴阿斯哈图石林见到的有些相似的巨石——"桃园三结义"。

    位于内蒙赤峰市克什克腾旗，阿斯哈图是蒙语，汉译为"险峻的岩石"。它地处大兴安岭余脉向西部草原过渡的地带，因受第四纪冰川的长期刨蚀、掘蚀和冲蚀作用而形成了举世罕见的"冰川石林"神秘、独特的地貌景观，这里山连着山，峰连着峰，山山各具特色，山山不同，峰峰各异，形态多变，很少有雷同形状，而且浑厚粗犷，在荒野中突兀而立，十

分醒目，让人惊叹大自然的鬼斧神工，被堪称世界奇观并确定为国家5A级的旅游景区。阿斯哈图石林发育类型很多，导致山石形状各异。形成了桃园三结义、十八罗汉、九仙女、秀女望月、比萨斜塔等景致，真是名目繁多、栩栩如生，这种迷人的景色不禁让人赞叹大自然的伟大和神奇。

　　我的旅游是"寓游于石"、" 寓石以游" 为此，曾去了不少名山大川，如黄山、张家界、丹霞山、魔鬼城、龙游石窟、花山谜窟和英国巨石阵、美国科罗拉多大峡谷、澳洲大堡礁……"游山让我提高了解读奇石的能力，玩石使我感悟了游山的魅力"两者相互相成，否则，就没有"桃园三结义"这块小石的故事体验了。

《上海收藏家》报2019年6月12日第 3 版

莲花石·小龙峰

  前几年我在铜川路花鸟市场，从一位安徽石商店内，觅来了这块莲花石。它产于宿州市灵璧县西北80公里处的嶂渠。石体表面横竖乱纹，类似龟壳上的纹理，侧面还有棱角，因形态之沟壑纹理似荷花，所以当地人叫它莲花石。

  该石长30厘米，宽10厘米，高15厘米。这方山形石属于灵璧莲花石。石表皮色黝黑温润，包浆沉稳内敛，褶皱深刻，嶙峋多致，纹理呈密布的特征，石质坚硬致密，有独特的金玉之声；山体诡异多变蜿蜒起伏，整座山峰呈"Z"字形。由顶峰、陡壁、悬崖、孔洞、垤道、悬壁、沟壑和坡道组成，坡脚部分顺势延伸，可坐可卧，令人顿生神憩仙居之意，其间被一道幽深而宽阔的峡谷分隔，高低起伏一脉相承，气势磅礴。景致相当丰

富，似洞龛山峰，似避雨山峰，又似过桥山峰。仔细品赏此山，发现右边的主峰形似龙头，配峰又如龙脊、龙尾，微微显露，整座山藏风聚气、犹如一条"潜藏勿动"的卧龙，静静等待时机成熟，然后将一飞冲天，呼风唤雨。它既有英石风骨多姿的韵味，又含灵璧的俊俏之美，真是藏玄纳圣、引人入胜，观之，让人有幽玄神秘之感，仿佛游历名山大川，体验雄阔壮美、景深意远、交相辉映的奇秀风光。观者有回归自然、天趣妙韵和淡泊宁静之感。

莲花石沟壑纵横、皱皱细腻，方寸之间，气吞八荒，海纳万嶂，气势磅礴的小龙峰，彰显了莲花石的无穷魅力，它以形纹取胜，使莲花石顺理成章地成为灵璧奇石中绝妙的优良石种和佼佼者。

（图片摄影：吴 勇）

葡萄玛瑙·金蟾

　　多年前，好友王任重了解我喜爱藏石，特赠了这件案石——玛瑙金蟾。中国神话传说中的金蟾，它酷似平时见到的大蟾蜍，也叫蛤蟆，俗称癞蛤蟆、癞刺、癞疙宝。两栖动物，体粗壮，体长10厘米以上，皮肤粗糙，全身布满大小不等的园形瘰疣。头宽大，口阔，吻端圆，形体又如青蛙，但青蛙身材矫健善于跳跃，而蛤蟆身材臃肿不善跳跃。

　　它是一块葡萄玛瑙石，也是正宗的象形石。石体长12厘米，宽8厘米，高7厘米。蟾蜍抬着一只虎头虎脑的大脑袋，瞪着一对球状的大眼睛，它的全身也布满了圆球状的葡萄玛瑙，更像是附在它身上的瘰疣。蟾蜍呈匍匐状，警惕地守候在田野里，它以丛草为林，以虫蚁为兽。白天大多隐藏在阴暗的地方，如石下、土洞内或草丛中。傍晚，在池塘、沟沿、河岸、

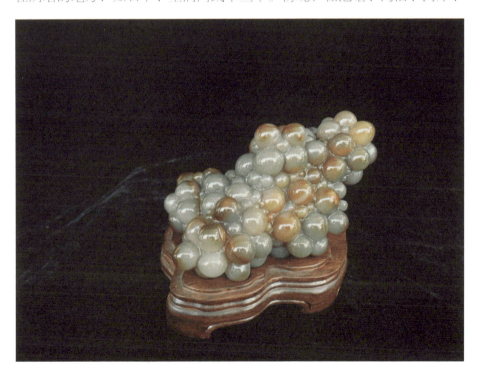

田边、菜园和房屋周围等处活动，尤其在雨后常集中于干燥地方捕食各种害虫。大蟾蜍冬季多潜伏在水底淤泥里或烂草里，也有在陆上泥土里越冬的。这件象形葡萄玛瑙石，产于阿拉善苏宏图以北的火山口附近，是两亿年前的海底火山喷发的产物，它们通体色彩斑斓，有铁锈红色、紫色以及透明色等。这些浑然天成的玛瑙小球互相堆积，犹如串串葡萄，因而就有了葡萄玛瑙的美誉和称呼。

"金蟾"为古代神话中所说的是吉祥之物，旧时传说金蟾有三足被誉为灵物，古人认为它可以致富。所以民间流传有"刘海戏金蟾步步得金钱"之说。有俗语"得金蟾者必大富"也。放置此物于家居或商铺之中，定然财运亨通，大富大贵。所以常常被人们当作旺财瑞兽。

（图片摄影：王　路）

迷你武陵石窟

　　奇石是我收藏爱好中的一类，闲时收藏了不少，其中武陵石是我偏爱的石种，因它气韵生动，意境空灵，富有变化，多年来收藏了不下几十方，其中大到60、70厘米，小的仅10来厘米。不要小看巴掌大的武陵石，珍品也是绝妙精彩无比。

　　这块古铜色的武陵石长10.5厘米，宽8.5厘米，高5厘米。整体呈"C"字形，上面有气势宏伟的土灰色的穹顶覆盖，中间有五个石窟，窟内有洞，洞内套洞，有六根鱼尾状的黑色石柱支撑，因具备典型的武陵石的标准特征，我给他起名为"武陵石窟"。武陵石又名武陵穿洞石，产于湖南省湘西治州花垣县凤凰县一带的武陵山脉中。大多形成于亿万年之前，因多年水流冲击形成。石质光滑，色泽古朴，造型多样，十分奇巧，中间有

镂空，上下均分。武陵石多形成一层黑岩的双层石，错落有序，层次分明。武陵石意境空灵，气韵生动，整齐中富有变化，武陵石以层次分明、造型独特、有些如同仙山琼阁，有些如同亭台楼阁，还有些如同古典建筑，雕梁画栋。层次迭出，典雅古朴，备受石友的亲睐。

我在藏宝楼选了一块形态与石底相当吻合的紫光檀木，请到一位红木老师傅，配了一个随形底座，使武陵石窟更显神秘庄重。武陵石穿孔石因以孔多、孔洞纵横交错、造型精致、奇特和抽象等特征，让人产生联想，悟出自然界神奇多姿的各种境遇；而其石表色质丰富，隐含纯青灰色的石灰岩质，硬度高、石质细，以风清淡雅色彩构成，彰显古朴大方，从而让人充分体会奇石王国里的鬼斧神工和天然艺术的美妙和自然情趣，立体地将山水画面展现给观众，博得爱石者的芳心，成为人们钟情的珍品。

（图片摄影：王　路）

武陵石·太姥山

　　奇石一般摆放在客厅、阳台或庭院中，而我这枚珍奇的武陵石却一直置于玻璃橱中。它是多年前，我专门托产地石商带来的。它长15厘米，宽5厘米，高5厘米。上部4个呈鱼尾状的石柱构成的3个形态各异的洞窟，下部有9根排列整齐的水柱，它酷似福建的太姥山。央视《地理中国》栏目之《福鼎奇山》篇讲到：福建太姥山其实是一座空山，山中洞穴众多，形态各异。有的山洞绵延曲折，长达几千米，一旦进入洞中，就仿佛与世隔绝。其实太姥山峰岩之下有108处岩洞，呈"井"字形分布，大洞套小洞，小洞连大洞，洞洞相通，比如葫芦洞、一线天、七星洞、仙人洞等等。

　　太姥山北望浙江雁荡、西眺福建武夷，三者成鼎足之势，闽人称武夷、太姥为双绝，浙人视雁荡、太姥为昆仲，构成闽越三大名山。太姥

山岩石为粗粒花岗岩，属燕山晚期，地质史白垩纪的产物，距今约九千万至一亿年。地貌为小型式峰林为主的地貌类型，是国内唯一的花岗岩丘陵的地形上发育的峰林地貌的地区，也是国内晶洞花岗岩带上唯一的峰林地貌。当游人进入太姥山，就像进入当代世界雕塑艺术大师的大型博览厅，数千百座巨型的雕塑品，各具匠心，有的肖人，有的肖物。

　　我因工作关系曾经两访过太姥山。同三高速及温福铁路穿其脚下而过，交通便利。它雄峙于东海之滨，山海相依、傲岸秀拔，素有"山海大观"、"海上仙都"之美誉。景区游览面积24.6平方公里。这里峰峦险峻、怪石嵯峨、岩洞幽致、云雾缭绕，以峰险、石奇、洞幽、雾幻四绝名闻遐迩。武陵石因以孔多、孔洞纵横交错、造型精致、奇特和抽象等特征与太姥山的奇景非常接近，而其石色和石质与太姥山的岩石又极其相似，让我产生联想，所以我一直将它置于玻璃橱中，让我留下这美好难忘的记忆。

（图片摄影：吴 勇）

武陵石·土堡

　　沪太石博会，我觅到了一方武陵石。酷似欧州公元十一世纪初的土堡（以石头代替泥土和木材的建筑）。石体虽然不大，但色泽古朴、形态自如，相当漂亮。武陵石大多形成于亿万年之前，产地武陵山脉板溪群内的常德、桃源、石门等地，因多年水流冲击而形成，石质光滑，奇石古气超群。

　　该石长28厘米，宽18厘米，高17厘米。这方造型别致、形态飘逸的武陵石，其色泽明快、凝重，复色与间色十分丰富。形态诡秘、奇巧：像一艘远航的巨轮，又像一幢漂浮的海市蜃楼，更像一座神秘的古代城堡。因它是土与石的结合，所以确切地说，称土堡为妥吧。土堡简单说就是用土石垒成的工事，暨用土石筑成的碉堡。我国历史上出现过不少类似的土

堡，北方有天水土堡，南方有福建土堡，虽然造形不同，但其主要作用都是为防御外来敌人来犯时的军事建筑和防御工事。武陵石多形成为一层灰岩一层黑岩的叠层石，经多年水流冲击而形成的武陵石，石质光滑，色泽古朴，造型多样，奇形怪状，大多数为亭台楼阁，海市蜃楼式的形态，中间有镂空，上下均分。错落有序，层次分明。石形大多以石瀑、龙舟、怪峰、洞窟、山峦、楼阁等为主，有的危台高耸，垛蝶分明，也有形似古堡，檐顶宛然宏伟宫殿，傲然挺立，鳞次栉比的土木结构建筑，形象生动，惟妙惟肖，真是千姿百态，鬼斧神工，奇妙无穷，令人浮想联翩。

武陵石的外形特征和徐州吕梁的吕梁石极其相似，初入石界的人很容易将它们混淆，其实武陵石有着自己独特的魅力。在山石的赏玩中，武陵石以层次分明、造型独特、视觉冲击力强面得到广大石友的认可与欢迎，备受推崇。武陵石意境空灵，气韵生动，整齐中富有变化。有些如同仙山琼阁，有些如同古典建筑，雕梁画栋，层次迭出，典雅古朴。观赏的时候能够感觉到天地悠悠，沧海辽远，山风呼啸，历史回响。

武陵石·神秘殿堂

    多年前在多伦路石展上，我觅来的这方武陵石又名凤凰穿孔石，石质光滑，色泽古朴，造型别致、奇特。武陵穿孔石以孔多、形奇为主要特点，石中青灰色部分为石灰岩质，硬度高、石质细。该石种是农民多年前在湘西武陵山脉深山劳作时，在黄土深层的石灰岩中被偶然发现的，由于要从山地深土中挖出，采石只能根据经验寻找，因此产量较少。新挖出的石头不能用作观赏，其表层土渍很厚，需要仔细清除干净，使其露出原始色泽，然后方可予以观赏。

    这方呈建筑形体的武陵石，长24厘米，宽8.5厘米，高7.5厘米。五个以对角线为直径的穹顶和五根石柱，以相应组合式排列构成的的建筑，实现了时空的穿越，似乎再现了中世纪气势宏伟的欧式风格殿堂概貌。武陵穿

孔石造型精致奇特，形似亭台、楼阁、古城堡，有山形景观、形象、抽象等，无奇不有，尤其似山形景观者，突显出山中有山，洞中有洞的奇特景象，把自然山水展现得淋漓尽致。以纯青灰色石灰岩构成、孔洞纵横交错的武陵石美在自然，它不仅是一种形象艺术，也是心境艺术，是赏石的最高境界,因而博得爱石者如此钟爱。

凤凰穿孔石神奇之处，还有一个重要的原因那就是赏石者能从那一方方奇小石头身上联想出人生的各种境遇，悟出宇宙自然界的神奇多姿，充实脑海的同时也丰富了自我心灵，进而从奇石王国里探索出天然艺术的妙趣和生命自然的本质。如果说在表现玲珑剔透、婉转妩媚的秀石是太湖石，表现高大雄伟、深沉俊朗的俊峰是灵璧石，那么表现建筑类方面体裁的非武陵石莫属了，它是独树一帜、是其他任何奇石无可比拟的，武陵石完美演绎表达各种建筑的形态。

（图片摄影：吴 勇）

灵璧·莲花峰

　　灵璧石种类繁多，据不完全统计，约有四十余类、五百余品。其中，常见的主要有十六类，如磬石、纹石、彩石、图案石、莲花石、皖螺石、珍珠石、白灵石等，莲花石因其石体形态沟壑纹理似荷花之瓣而得名。

　　近期沪太石博会上我觅得一方莲花石。因石体像莲花，故我为之取名为莲花峰。石长24厘米，宽13.5厘米，高13厘米。体量虽然不大，但卓见山体莲花风韵。有形态各异众峰拥簇，峰峦均为竖纹，山脚均为横纹，石体凹凸有致，表面横竖乱纹，类似龟壳上的纹理，又似莲花瓣附于石体上，侧面还有棱角，构成了莲花般的山形石。安徽莲花石，主要产在宿州市灵璧县西北80公里处。因状如莲花，所以当地人叫它莲花石。灵璧石中能

在方寸之间，包卷八荒，具有万嶂承宇，浩然气象的山形景观石，应数滴水莲花为最。滴水莲花多数为磬石质地，色黑而润，摩挲有声，多产于山之表层，因风化深浅程度不同，与红泥为伴，由于受雨水、酸性土壤的淋滤、侵蚀作用、外观呈现嶙峋多致、褶皱深刻、纹理密布的显著特征，众峰拥簇，前低后高，前小后大，高低参差，尊卑分明，高下相谐，聚散有度，壁立千仞，体势雄强。观之令人顿生高山仰止，崇高壮美之感。悬壁部分，宜凹凸垂挂，厚薄有致。坡脚部分，顺势延伸，该石以形纹取胜.

"莲峰美石显珍奇，斗室虽小见天地"。外观嶙峋峻峭，褶皱明显，纹理密布富有韵律的莲花石，不仅具有以大观小、咫尺千里、缩龙成寸的绝妙视觉感觉，更有小中见大、芥子纳须弥、精致入微，以皱显貌传神的美学效应。滴水莲花的惊艳出世，淋漓尽致地表现了自然的鬼斧神工，将瘦皱漏透、袖珍的山石审美，推到较高的赏石境界，引发爱石者无穷美感和无限遐想，顺理成章地成为人们案头的理想供石。

灵璧·牛蛙

　　这方虎视眈眈，呈卧虎状的灵璧石，酷似一只伺机捕食的青蛙，因体态较大我称它为牛蛙。牛蛙属于两栖纲、无尾目、蛙科，俗名美国水蛙，原产于北美,因个体硕大,鸣叫声宏亮酷似牛叫而得名。

　　该石长20厘米、宽17厘米、高11厘米。石质乌黑细腻温润、滑如凝脂、石纹褶皱缠结、肌理缜密，石表起伏跌宕、造型粗犷峥嵘、气韵苍古。纹理交相异构、窦穴委婉，富有韵律感。呈卧虎状，虎头虎脑，身上布满层层石纹，很是珍贵，并且石质温润细腻很适合供养，实属黑灵璧中难得的一件宝物。青蛙平时蹲伏在沟壑、河堤、豆田、池塘，或溪流沿岸的草丛中，靠着大自然赐予的肥美青草和扑捉害虫。它将矫健的身躯托付草色田野，把感恩的灵魂交给蓝天白云。在弱肉强食的大自然面前，所有

动物的生命都是平等的，青蛙也不例外。它们在食物链的某一个环节，伺机寻找天敌，借助上天赐予的技能，将战利品纳入饥饿肚腹之中，过着微不足道悠闲的生活。

古诗词云：明月别枝惊鹊，清风半夜鸣蝉。稻花香里说丰年，听取蛙声一片。我不清楚牛蛙与青蛙的血脉关系，只是回想起童年在市郊新村河道边常见的一幕。那个时候，除了清清澈澈的小河，水下映着飘忽不定的云，就是岸上葱葱郁郁的青草，草下面蹲着的青蛙，现在居住在城里，听见蛙鸣的机会越来越少了，任何一种天籁都值得聆听、感念、回想，因为不知何时，它就会消失了，像自然里和村庄那些消逝的事物一样，连根拔起，再也无处寻找。那样的话，生活中得有多大的缺失？青蛙也实在有点"野趣横生"的意境。所以，青蛙常常在文学作品里出现，是很有诗性的益虫，蛙鸣更是众多文人喜爱清赏的天籁，这终究是文人赋予想象力的一厢情愿。这方形似青蛙的吉祥物，送给孩子摆在书房寓意很好。

武陵穿孔石·水榭

　　水榭是指建于水边或水上的亭台，多从驳岸突出，以立柱架于水上，建筑多为单层，平面或方形或长方形，结构轻巧，四面开敞，以得取宽广的视野。临水的一面，常设座凳栏杆和弓形靠背，称为美人靠或飞来椅，供人凭栏而坐。以供游客休息、观赏风景的中国传统式建筑。这方酷似水榭的奇石为武陵穿孔石，也可以简称武陵石。

　　该石长16厘米，宽4.5厘米，高5.5厘米，有三根石柱和六个面积大小不等的台面构成的连体石组成。石体虽小却相当精致，我是多年前从一位产地藏友处觅来的。武陵石蕴藏在湘西武陵山脉黄土深层的石灰岩中，是经历漫长的地壳运动、陆海变迁，和亿万年海水冲刷溶蚀及大自然风化侵蚀所致形成，小巧奇石如此令人受宠最主要的原因是它具有无穷魅力，石

体虽小并不影响其欣赏价值，甚至超过大石。就今天多居高楼的现代人来讲，赏玩巨石多有不便，遇有体格过大奇石如不慎重考虑只为一时兴起收为己有，结果只会是给自己带来麻烦，巨石的安放、移位都将是令人头疼的问题，劳心费神，得不偿失。而小品石却非如此，如寻觅到钟情心意的小石，或以其形、其纹、和其图的珍品，皆可视为精品将其置于厅堂几案、博古物架观赏。

依窗眺望，河光树影，别有情趣。杭州的"平湖秋月"，苏州怡园的"藕香榭"，上海浦东公园水榭，北京陶然亭水榭等均为观景佳地。但它们不是每个人都能享受和做到的。而小品石却以其独有的"以小悟大"的特性，"石小天地大"。让人体验享受到的，闲暇之余可握于手中，那是何其美哉？谁人不爱？

(图片摄影：吴 勇)
《上海收藏家》报2019年7月10日第3版

戈壁石·水乡小港

　　小品石组合，是近年来比较流行的一种赏石风格，它以小见大，以微显伟，喜欢收藏的我，平时注重收集各种精美的小品饰件，需要时信手拈来组合一下，唾手可得一件满意的小品。例如"水乡小港"便是一例。

　　去年沪太石博会上，我觅得一块呈"人"字形褚色戈壁底板，石面起伏多变，石肤细腻，古朴凝重。石长33厘米、宽13厘米、高4厘米；前几年我在万商花鸟市场又"投资收购"了一批石雕古民居，我将两者东西巧妙地组合一起，一件水乡景致马上映入眼帘,它让我回想起30年前,到小港亲戚家过年的记忆：当时小港人烟稀少，还称作乡。一条蜿蜒的母亲河——小浃江自南向北从小港境内流淌而过，最终流经浃水大闸后出口归海。据明《宁波府简要志》载："小浃江，昔海舶由此入鄞山……"记录了小港当时樯帆云集、商贾互市的繁荣盛景；小港有一条老街由石板路铺就而成，

两旁都是老宅民舍，虽然地域不大，但历史悠久、名贤辈出。明宋继祖筑东岗碶，清王元士修长山桥，胡钧、乐涵倡导义字造碶，福祉百姓，永载史册。文化名人沈焕为定川学派创始人，姚燮是集诗人、画家、文史地理学家、红楼梦点评家于一身之全才，近代乡贤徐青甫、贾延芳等，虽出身寒门，少年出门学艺，发迹后，济贫救灾，捐资办学，造福桑梓，还有鲍宅、姚燮古宅故居、乐寿房等。均为坐北朝南、砖木结构硬山顶平屋。共有前、后两进，前进和后进前面分别有东、西明轩各 间，另在主体建筑西侧有厢房七间。前进、后进正屋为九柱九檩穿斗式，多为建于清晚期建筑。这些建筑总体上保存完整，是北仑区典型的清晚期宅第民居，具有一定的历史保护价值。时隔千年、时过境迁小港发生了巨大变化。1985年5月小港行政建制划定乡改镇，这些古宅遗迹犹存焕发底蕴文明，它不仅是历史与文化的符号，也构成一道独特的风景线，如今穿越时光、风情万种的小港已成为宁波人回望老家探访故里的好去处，外来游者纷纷探知小港的人文魅力，寻觅宁波商都迈入一个伟大世纪走向世界的足迹。

小品石组合是一种集收藏、创作、欣赏于一体的赏石艺术创作形式，通过天然石头组合成艺术意境，是当前赏石界的创举和发展。成功的组合小品石，是智慧和艺术结合的产物。它将自身的形体或景致，浓缩在方寸之间，缩龙成寸、以小博大，以三维形式再现了消逝的人文地理场景，让人观之赏心悦目，怡情养性。而其体轻巧的优势，既可以随意组合，又便于携带把玩，长期以来就赢得了人们的喜爱，成为赏石爱好者的关注。

（图片摄影：张静庵）

《新民晚报》2019年2月5日第14版

风砺石·火苗

　　眼前这块风砺石，酷似瞬间点燃的火苗。火苗亦指火焰，也可比喻激情。火焰正确地说是指燃烧着的可燃气体变成气体，发光，发热，闪烁而向上升，燃烧而生成火焰。这块形似火苗状的风砺石，又称戈壁风砺石、风凌石、大漠石，它产于新疆、内蒙及甘肃省西部大漠戈壁滩，是经数千年的风沙吹蚀下，被磨砺而形成的石种。

　　这件风砺石，高15厘米，长9厘米，宽8.5厘米。它酷似冉冉升起的火焰状。火焰是由焰心、内焰和外焰三部分组成，火焰温度由内向外依次增高。1.焰心，中心的黑暗部分及蓝色部分，由能燃烧而还未燃烧的气体所组成；2.内焰，包围焰心的最明亮部分，是气体未完全燃烧的部分，含着碳粒子，被烧热发出强光；3.外焰，最外层浅黄或透明的区域，叫做反应区，是气体完全燃烧的部分，含着过量而强热的空气，有氧化作用，也称氧化焰。这件风砺石立体、形象和生动地展现了正在燃烧的火焰状态。古希腊人认为世界上所有的物质是由空气、水、泥土和火以不同的比例混合

组成的。火也是中国传统文化中五行之一。五行相生相克，其中木生火、火生土、水克火、火克金。人类对火的认识、使用和掌握，是人类认识自然、利用自然来改善生产和生活的第一次实践。火的应用，在人类文明发展史上有着极其重要的意义。从100多万年前的元谋人，到50万年前的北京人，都留下了用火的痕迹。人类最初使用的都是自然火。人工取火发明以后，原始人掌握了一种强大的自然力，促进了人类的体制和社会的发展，而最终把人与动物分开。火焰可以给人类带来许多益处，但使用不当也能给人类带来不幸和灾难。不久前巴黎圣母院大教堂发生的一场大火足以见证。因此火是一个矛盾的象征体，它可以取暖，照亮一切，也能带来痛苦甚至灭亡。

这块风砺石以其独特的方式诠释了正在燃起的火苗形态，不禁让我们赞叹大自然的鬼斧神工，同时又让我们感悟奇石的美妙无比！

（图片摄影：里 斯）
《新民晚报》2019年5月21日第22版

松花石·双峰

　　这方"双峰"石是在沪太石博会上被我一见倾心当场拿下的。松花石又名松花玉，其纹理奇特、点线皆明、温润如玉、凝如膏脂、细如肌肤、扣之如铜、声脆悦耳。松花石地质学名叫做微晶灰岩，因各种成分含量的些许差别，使得松花石色调丰富，以绿、紫、黄、黑、驼青等色居多，产于吉林长白山区的江河之畔，因质地坚硬如玉、色彩艳丽柔润而得名。

　　这方呈墨绿的松花石，石体虽然不大，但形体相当完美漂亮。石长18厘米，宽9厘米，高20厘米。松花石在形态上除单体外，还多联体，甚至还有成排的廊柱、叠层出现，形态多变难以想象。这块石就是由两片呈"B"字形秀峰组成，两峰之间下方还有一条两头穿透、幽静的天然涧道，真是

妙趣横生。峰体保存了形成之初的痕迹,现显了独特的,如木纹般流畅舒缓的自然纹理,恰似充满生机的碧峰翠影,其色相兼、色彩间杂而多变,细腻坚硬、色明晶莹,固然使它成为自明清以来上乘的制砚材料,以其雕制而成的松花砚,有色嫩而纯、滑不拒墨、涩不滞笔、松烟浮艳、毫颖增辉的特点。两峰峭壁陡立,体势显强。观之令人顿生高山仰止,壮美崇高之意。给观赏者惊奇之余,又带来极富于韵律的俊峰美感。

"石不能言最可人",松花石的奇、松花石的美、松花石的俊、松花石的意、松花石的神,让人震撼,令人陶醉。只要静心去鉴赏,用心去感悟,不难让人感悟、领会其神奇的魅力并得到情与景交融,得到心灵上的享受。因此,隐含葱翠充满春天诗意的"双峰·松花石",是诗、是歌、是画,一点都不为过,它的奇和美,用语言来表达是很难描述的,在这辞旧迎新之际,让我赋诗一首"春风又绿江南岸,美石伴你迎新年!"

《新民晚报》2019年1月22日第19版

玛瑙·青萝卜

　　眼前这根老少皆喜欢的青萝卜，甜甜的，脆脆的，宜生吃，能清火、治咳嗽、含维生素C，纤维素多，又是减肥的佳品，被称"水果萝卜"。其实，它是一块正宗的象形石。一块出自内蒙古阿拉善的红心绿皮玛瑙。它长10公分，直径约5.5公分。从萝卜形、萝卜根、萝卜纹、萝卜果锈、萝卜皮、萝卜色由青到白的渐变，细微之处卓见神奇，从形、质、色、纹、韵来审视这块石，它确实是一方形色俱佳的象形石。其整体相似度几乎达到以假乱真的地步。

　　象形石指纯天然形成，未经人工打磨修饰的奇石。好的象形石非常难得，历代藏石者都将它列为首选。象形石必需具备：比例合适，相貌逼真，纹理清晰和造型完美，只有达到形神皆备者，方可称得上象形石。我国地大物博，奇石资源也相当丰富，其中诞生了不少出自天然、鬼斧神工的象形石。著名的如：台北故宫珍藏的"东坡肉"、广东紫金南母寺黄龙玉"中华神鹰"、内蒙乌拉特后旗玛瑙山"小鸡出壳"、广西壮族自治区来宾市"弥勒大佛"……而"青萝卜"则是近年来在内蒙阿拉善戈壁滩，最新发现的一方极品象形石。上海本地不产奇石，资源空乏，上海藏家没有本土保守观念，更没有石种偏见意识。但上海是开风气之先，领时代之新的地方，海派藏石也传承了海派文化风格，玩石的花样丰富多彩、层出不穷。能着力在观赏石产业链"后端"文化方面下功夫、做文章。上海集聚了一批配座巧匠，也有不少创意高手。这方"玛瑙·青萝卜"被荣幸登入"海上石语赏石雅集"。

　　2018上海沪太赏石文化博览会暨海上石语赏石雅集，将于11月16日隆重揭幕。这是新一届上石协理事组成后，首次举办的赏石盛典，得到了中石协、中藏协、市藏协和市非遗协等上百家单位的支持。来自全国各地的石

商、石友前来参展。上海和全国各地石友、藏家携手共襄盛举。成为上海有史以来，规模最大、规格最高、石商最多、石友最广的一次石界盛会。尤其值得庆贺的是，这方珍贵的"红心绿皮玛瑙"将亮相该展会。

《新民晚报》2018年11月13日第24版

色彩斑斓的大化石

　　大化石又称彩玉石，学名岩滩彩玉石，由于产在广西大化县而得名。红水河岩滩及水底，属硅质火成岩，硬度在5度左右。通体色泽一致，花纹毕露。在奇石收藏圈，大化石可谓风情万种、独领风骚。它属水冲石，大化石色彩斑斓绚丽，质地坚硬强韧，石肤滋润如玉，造型雄浑大气，极受藏者青睐。

　　该石长20厘米，厚14厘米，高15厘米。石表呈金黄、褐黄、棕黄等颜色，并伴有黑色草花纹，肌肤的釉面呈现出一种凝重的质感，极富宝气。呈起伏多姿的山形态，大化石出山形更是稀贵。目前，在赏石界内欣赏或收藏大化石出现偏向大石的现象。按理说，奇石之精美不在于其体积的大小，大石透气势，小石藏雅趣，各有千秋。然而，对于大化石自然生成的特征而言，这类奇石具有耐人寻味、气韵生动的奇美。此石石肤苍润、纹理饱满，石表跌宕，柔中透刚，似有传统山水画中云头皴与雨淋皴的结合技法，刻画得山体气势挺拔，俊秀壮美。通体棕黄，覆有黑色，恰到好处地增添了些许苍凉感。此石造型奇巧，层次分明，气势高危。从整体上看，崖顶起伏，外延吊挂；二层顶面平坦，视野开阔，但难得之处在于它具有非同一般的奇形，使得欣赏者通过可见的形，传不可见的神，产生出远在千里、近在咫尺的审美情趣。

　　这方大化石，符合现代赏石审美中"形、质、色、纹、韵"的若干要求，即可认定它具有观赏价值和收藏价值，只是在一般情况下求得"宝气"就不能挑剔形奇，而求得形奇就不能兼得"宝气"。因此，欣赏、收藏大化石应将其独有的自然美表现形式综合起来进行鉴赏、评判，甚至将常人认为不足的地方，通过观察对比，逆向思维，变成求之不得的长处，才能真正读懂深蕴石中的艺术内涵，才不致因过分挑剔或不屑一顾而与其

失之交臂。面对此石，仿佛在鉴赏一幅宋代名画，无论平视、仰视或俯视，均能找出近重远轻、近紧远松、近详远略、近清远浑的关系，实为难得的一件奇石珍品。

《上海收藏家》报2020年6月10日第3版

天然玛瑙金蟾

　　这枚珍奇的埃及玛瑙金蟾象形石,其质地、色彩、纹理以及它的形体,如此形象逼真、乖巧玲珑,妙趣天成,真是达到了令人咂舌的地步。

　　该石长4.5厘米,宽3.5厘米,高3.5厘米。在自然光线下,整个外形呈卷伏状,形态酷似一只卧在草丛中的蟾蜍,它的头、身、足各部分完整可辨,石面呈橄榄黄色,其背布满清晰可见不规则的花斑颗粒,恰似蟾疙瘩疣;其呈扁钝型的大脑袋,镶着一颗明亮的大眼睛,眼睛周围有一圈黑色突起,好像戴黑框眼镜,眼珠部位很为传神,眼白、眼球和眼珠层次分明,活灵活现,更为神奇的是其一张大嘴巴里还衔着一枚钱币……一个活脱脱的浑然天成、形色俱佳、鬼斧神工的"招财金蟾"。象形石单是形似已属不易,如出现嘴和眼睛为精品,若嘴含钱币更是妙品、绝品。形似神更似,这只"招财金蟾",其实它还是一颗来自遥远的埃及玛瑙象形石。

　　玛瑙是在地壳表层内含砂酸的胶体溶液逐渐沉淀而形成的。它多现层状,各层之间重叠成波纹形,光泽如蜡。颜色主要为绿、紫、红、白、蓝、褐及黑色等。也还有一些呈五彩缤纷的效果,交织一起,构成一些别样的花纹。因色彩丰富,美丽,自古就被人珍视并赋予繁多别称。如"酱斑玛瑙"、"缠丝玛瑙"、"柏枝玛瑙"和"竹叶玛瑙"……等。其质地坚硬、色彩绚丽,纹理奇特,集质、色、纹诸美于一身,是一种上乘观赏石。埃及象形玛瑙是戈壁玛瑙的一个重要组成部分,主要分布于埃及广阔的戈壁滩上,其玛瑙在经历了亿万年风沙磨砺、日晒雨沁形成了千姿百态的奇特面貌。

　　现代人赏石,除注重奇石外表的皱、漏、透、瘦外,还十分注重奇石的出处。在玛瑙观赏石中,较为常见的有雨花玛瑙石和风砺玛瑙石。雨花玛瑙石是水沙长期作用下所形成的,而风砺玛瑙则是在大漠千年风沙作用

下而形成。雨花石小巧玲珑，秀丽可人。风砺玛瑙则粗犷大气，千姿百态。风格迥异的玛瑙奇石异军突起，引起了赏石界的广泛关注。犹如雕刻大师雕出来一样细致。石头毕竟是天然形成，形似已属不易，而这颗玛瑙石则已经达到雕刻工艺品一般的相似程度，不禁让人叫绝。更绝的是，由于玛瑙具有宝石一般的透光性，在手电的照射下，金蟾的眼部、背部花纹透出来一股股水灵灵的光线。

（图片摄影：张静庵）
《上海收藏家》报2019年9月10日第3版

栖霞石·群峰

步入"上海市观赏石协会"门厅，映入眼帘的便是这尊题名为《群峰》的奇石。初看，其貌乌黑锃亮、雄浑挺拔，大多以为是安徽灵璧石；近看，体表有褶皱、零星空洞，不少人又疑似太湖石；细看，峰峦俊朗、犀利，也有的认为酷似广东英石；再看，它石色单一、古朴素雅，其性又类似昆石……其实，它是产自石城南京的栖霞石，现已近乎绝迹的石种。

历史上栖霞石早有文献记载，并深受文人雅士的钟爱。明代著名画家林有麟的《素园石谱》专有记录："至正间，钱惟善先生游江左获奇石，峰峦秀润，上有古篆文曰'栖霞'，心异之，作供几上，每神游其间，便有世外之想，因仿东坡雪浪斋故事，名其室曰'栖霞山房'，勒铭壁中，永标奇赏。"钱惟善先生为元代诗人。由此可见在元代，栖霞石就已受到古人的关注并存有咏栖霞石诗云："山人久视，居士长生，俯仰一室，逍遥太清"，对栖霞石的审美情趣达到了如此高雅的境界，从元代起已供作观赏之用，难怪石界呼其为栖霞古石。

《群峰》石：高46公分，长85公分，宽60公分，为正宗景观山峰。其势：高低参差，壁立千仞，体势雄强，一峰耸峙、峰头饱满、端正稳健，众峰拥簇，群峰环抱，前后掩映，左右呼应，山脉似龙形虎步，磅礴蜿蜒，遒劲起伏；其形：峰峦叠嶂、嶙峋峭丽、苍古，线条清晰，山谷险峻深远，曲折幽深，进退有据，收放有致，变化多端，景象万千；其表：通体黛黑、色泽自然纯正、清润亮泽、秀丽，深浅有度，叩之如磬，其纹疏密有致，似行云流水，别具独特神韵风采。该石唯一缺憾，石体高度不够，采用大红酸枝木、回纹高脚双托嵌入式底座予以加高补充。底座高85公分，宽62公分，长93公分。奇石入座后，令人顿生高山仰止，崇高壮美之感，《群峰》更显雄伟、挺拔之态。南京栖霞山，古称摄山，南朝时山中建栖霞精舍(栖霞寺)，栖霞石因此得名。它与雨花石同称"石城二宝"。栖霞石是由含泥质碳酸盐岩露出地表后，经长期风化作用及雨水溶蚀而成。成分为泥质灰岩及白云质

灰岩,硬度为4～5度。栖霞石以造型为主,有的漏、透、瘦、皱,嵯峨空灵;有的峰峦叠嶂,嶙刚峭丽;有的凌空倒挂,峰回路转。栖霞石表层纹理乳凸处清润光泽,如霞似锦,凹陷处纹理清晰。

作为海派赏石收藏基地的上海观赏石协会,玩石人才济济、奇石荟萃,不乏各类名品美石,有意将这方栖霞石《群峰》作为协会的厅堂石,成为展示海派赏石的一扇窗口,充分隐涵了海派藏石"海纳百川,包容天下"的博大胸怀,以其特有的文化修养、欣赏习惯和崇尚自然的赏石理念,在完美表达主题意境方面,采用借鉴、融汇等手法,力求做到极致,从而使海派赏石具有自然、创新、精湛和唯美的特点,足见组织者的高明之举。

这方奇石的主人是沪上知名收藏家柳国兴。多年来,他不辞辛劳、跋山涉水,费尽心血从各地寻觅、收藏了多方精美奇石。今年七月他还成功地在浦东陆家嘴上海中心宝库艺术中心举办了个人奇石展,成为国内首位荣登世界最高建筑,举办《赏石》展的收藏达人。

(图片摄影:石 童)

《新民晚报》2019年12月31日第20版

微塑·牧鹅

　　"沪太奇石文化展"我觅得一块精致的新疆彩泥石。泥石是由泥质岩构成，质地坚密，表面光滑并有细密纹理，形态各异。新疆彩泥石则质地更细腻，石表更丰富，并含各种颜色，有黑色、红色、褐色、红色、绿色、黄色、蓝色，等等。个别精品还具有山水、动物、人物等图案，但产量极少，极为珍贵。

　　彩泥石长18厘米，宽10厘米，高2.5厘米，石体由茶末色打底、起伏多变的石面上，布满着密麻不规则流畅的深褐色线条，仿佛酷似自然美丽的田野。让我联想创作一件富有野趣的小品组合。于是"牧鹅"的主题定格了。经过再三考虑，主人的角色确定选择黎五妹的石湾微塑（牛2.2厘米，农夫1.8厘米），而配角鹅、鸭则选择德国的FALLER微塑模型大鹅1厘米，小鹅和鸭0.5厘米。

　　深秋季节，夕阳西下，犁完地的耕牛休息了，农夫伏在土坡上，吹起

了哨子正吆喝着水田里的鹅、鸭该回家了，他注视着远望，等待回归的鹅群。原来,周围是一片农田，水塘很多。之前，他有意将它们散放在水田里找食吃。白鹅有的在水塘中觅食，有的在塘边梳洗自己洁白的羽毛，还有的结伴追逐戏耍。听到主人呼唤后，急忙欢快地赶在路上，在老远老远的地方，先是见到一条白色的带子在移动，渐渐地，能分辨出是一队白鹅走在回家的路上。它们一个跟着一个，一摇一摆，个个展翅迅跑。眼前就是一幅恬静的乡村小景，一道美丽的田园风景线。

微塑是传统工艺中最为精细微小的一种工艺品。微雕艺术"艺在微"、"精在功"，愈是细微，功夫愈精，价值也愈高。微塑创作是一种十分讲究画面布局、构思和章法的艺术，这就是它的特征。它能在米粒大小的物体上、竹片等上面进行创作雕刻，有的作品要用放大镜或显微镜方能观看到镂刻的内容,故被历代称之为"绝技"。它其实是一门集绘画、书法等于一体的综合性艺术，其特点就是小、甚至可突破人类的极限。虽小却浓缩着优秀传统文化的气息，小中见大，以小见大，以微显著，就像巴尔扎克说："艺术就是用最小的面积，惊人地集中了最大量的思想"。

(图片摄影：吴　勇)

戈壁泥石·一马平川

　　沪太路石展上觅得一方长条形戈壁泥石。长46厘米，宽8厘米，高6厘米。石体顶面平整，没有起伏的棱角或凹坑。两侧坡面流线型走势，布满流水线槽纹，蜿蜒流畅，凸显"一马平川"感觉。泥石泥质岩构成，质地坚密细腻，少见象形，似扁条或板状为多，个体不大，在20～60厘米；石面呈棕、褐、褚、墨等色，石表细、润、脆，有包浆，手感极好。泥石不足难出型，但其抱朴含真、素雅的外表，用作小品底板是绝妙和无与伦比的选择，引起爱好者的关注。我认为能胜任表达这件泥石意境的最佳配角"非马莫属"。于是到处搜索寻觅，最终确定了德国N比例的FALLER微塑模型担纲，其尺寸为1.5～0.5厘米，模型马极具"汗血宝马"神态，为世界上最神秘的马种，外表英俊、神武、体型优美、头细颈高、四肢修长、形

态各异、肤色不同、栩栩如生、精致逼真的骏马与泥石相配，完美地诠释了一马平川的气势。

"众峰来自天目山，势若骏马奔平川。"是出自宋·苏轼《东坡诗·卷二十三·游径山》气势磅礴的开卷首句，生动地表达了苏轼受挫解脱后，坦露内心的豪情诗句。他站在径山之巅，看天目山连绵不断的山势，像一群野马奔来，疾驰在一片广阔平地上。苏轼当时仕途受挫，心情自然压抑、烦恼的，但是他的旷达、豪放的本性和人生态度，毅然能写出如此气势磅礴的诗句。

人生之路不是一马平川，有坦途就有坎坷，有甜蜜就有苦涩。人生之路，从来与挫折相伴，真如钻石需经打磨方可闪耀光芒，雏鹰经过拼搏才能傲翔蓝天。人生不可能一帆风顺，遇到挫折需要从容面对：居里夫人经过无数次的挫折和尝试才发现了镭；爱迪生经过无数次的失败和磨难才获得了发明大王的称号；"炸药之父"诺贝尔在研究炸药时，父亲被炸死，弟弟被炸残，他自己也变的血肉模糊……种种事实告诉我们：成功是经过无数次实践、失败而取得的。拿破仑曾说过：最困难之时，就是离成功不远之日。失败是成功之母，痛苦必然孕育着灿烂。只要我们坦然地面对现实守望相助，坚强地踏出每一步，我们的梦终将会实现，因为我们知道，阳光总在风雨后。而且，只要我们经历风雨，迎接我们不仅仅是阳光，更有五彩斑斓的彩虹。让我们勇敢的心灵，去发现希望，拥抱希望，才能真正实现和踏上理想中的一马平川坦途。

那矫健多姿的骏马同古朴沉静的泥石组合一起，呈现了一幅美轮美奂的画面，那真是泥石"一马平川"的如实写照。

（四片摄影：吴 勇）
《新民晚报》2020年2月18日第16版

玛瑙·白菜

　　"白菜"是日常生活常见的一种蔬菜，以柔嫩的叶球、莲座叶或花茎供食用，可以炒食、作汤、腌渍等方式制作，成为中国居民餐桌上必不可少的一道美蔬。

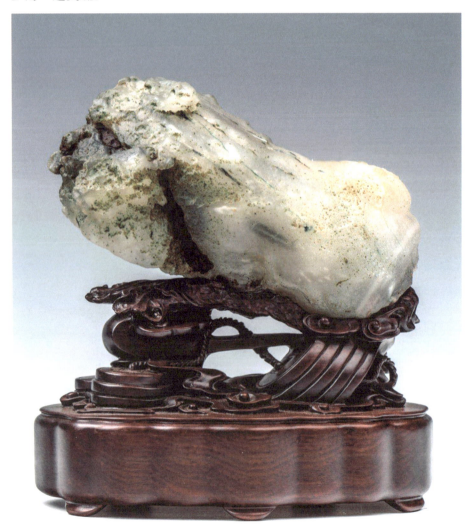

　　这颗酷似"白菜"的物种，其实是产自内蒙的玛瑙象形石。该石长18厘米，直径10厘米。为原武汉著名收藏家张毅先生所收藏。白菜形体逼真，叶片舒卷自然，丝毫未经人工雕凿，纯属大自然鬼斧神工。玛瑙白菜主要有两个寓意。"白菜"的谐音"百财"可以理解为招财进宝、聚财、财源滚滚等诸多寓意；又因为白菜颜色看起来有着坚贞不屈、清白"一生（一身）"的感觉，所以它又被赋予坚贞不屈、两袖清风的美好寓意，象征着收藏者做人清白和高风亮节的优秀品质。

　　"海派赏石，海纳百川"上海本地不产奇石，资源空乏，上海藏家没有本土保守意识，更没有石种偏见歧视。玩石的花样因而变得丰富多彩、层出不穷。而且注重着力在观赏石产业链"后端"文化上做文章。上海不但集聚了一批配座巧匠，也有不少创意高手。此件石座，就是由上海柳记雅兴楼红木家具工坊的工匠，采用老红木为作品量身定制的红木底座。"白菜"入座后，招财进宝、聚财、财源滚滚等寓意呈现，顿感生机灵动，妙趣天成！

（图片摄影：张静庵）
《上海收藏家》报2019年1月10日第三版

寂静的老街石笋里

　　千年古镇新场，积淀了厚重的历史文化，以其静谧、美丽、多姿得到了世人的青睐。虽然面积不大，一条狭长的老街、几条水巷和小弄堂，基本成了古镇的全部。古称"石笋里"，素有"小小新场赛苏州"之美誉。从沪南公路高耸挺立的门楼而入，沿着石板铺就、幽深狭窄的新场大街由北向南而行，先后穿过"三世二品、石笋里"两道牌坊，经南山古寺西侧至新环南路出口，全长1.5公里，两侧店铺绵延铺展，街巷密集，满目皆是砖木结构建筑，马头墙、小青瓦、飞檐木雕，临河沿街廊棚栈道，门窗有吊木窗，花木窗、落地门窗、还有半墙半窗的，连成一片，蜿蜒伸展，至今保存着100多户明清古宅院和名人故居，有建于清末的四进庭院"张氏宅第"、清代同治年间的楼茶园，还有耶稣堂、东岳观、中国铜锣鼓艺术馆、新场历史文化陈列馆……被包围在古色古香的建筑群里，传统小吃、工艺品、土特产、游人、小桥、流水、人家、长街、茶楼、老店、

小庙与古寺，共同构成了一幅江南水乡图。呈现一派古迹与民居相邻，古朴与繁华相融的盛景。尤其是2007年威尼斯电影节《色戒》荣获"金狮奖"，新场是《色戒》唯一拍摄景地。从此，深藏于南汇的古镇新场迈入世人的眼光。

一场突如其来的疫情风暴，驱散了昔日节庆的喧闹。根据新型冠状病毒疫情防控需要，为避免人员交叉感染，古镇景区、场馆采取了应对措施，及时关闭公共活动场所，古镇一改昔日繁闹景象，整个街巷几乎空无一人，砖瓦清晰，洁净如画，行走其上，无喧无扰，空灵悠远，俨然回到古时，令人遐想无限。这期间上海有关新闻媒体积极响应，及时宣传报道抗击疫情的科学文化生活以满足广大市民了解、学习等精神需求；市工美行业也号召艺术家"用自己的艺术创作，表达抗击疫情和众志成城的心声"为人民鼓劲，为一线的医护人员助威，为百姓提供丰富的精神食粮。

闲在家中，喜欢收藏的我，理当行动响应，从"翻箱底"中取出多年收藏的"石刻摆件"，完成了此件《老街石笋里》小品创作。我先从"石材"中找出一方略带弯形呈褐色的泥板，作为小品的底板。它高2厘米、宽约9厘米、长48厘米，其质地古朴、走势流畅，尽显老街石板地基；古宅民居为我平时喜欢收藏的摆件，从各地收藏了近百件陶塑、石刻和树脂等多种材质微塑古宅摆件，我精细调整组合，从中挑选出18件合适的古宅，总算如意完工。当下，万众一心、共克时艰，以此略表为宣传抗击疫情作出自己一份绵薄之力。因时间仓促，劣作略显粗糙、不尽人意，尤其是人物方面摆件正是我收藏中的短板，却"歪打正着"恰好成为此作品表现的主题，透过作品的表达，似乎尚能感悟非常时期的老街面貌，"石笋里"以其寂静、空旷、清秀的立体景观，让人隐约回味、可见。

（图片摄影：张静庵）

《新民晚报》2020年4月8日第21版

赏心阅木

根艺·蟾宫折桂

　　我是收藏爱好者，为了觅宝到处跑，加上爱吃甜食，会唱歌。陌生人还真以为我是"搪瓷七厂"（沪语"荡住吃唱"的谐音）工作的。这件根艺小品"蟾宫折桂"觅得便是一例。

　　蟾宫折桂，为成语，蟾宫指月宫。中国神话传说中月宫有一只三条腿的蟾蜍，因被财神刘海用计收服后成仙，日后金蟾臣服于刘海门下，为求将功赎罪，使出绝活咬进金银财宝，助刘海造福世人。于是民间便流传了

"刘海戏金蟾，步步钓金钱"的传说。之后，人们称其为招财蟾，简称金蟾，因此月宫也称蟾宫；传说月中有桂花树。折桂，摘取桂树的枝条。我国古时科举考试正在秋季，恰逢桂花开放的时节，古代把夺冠登科比喻成折桂，借喻高中状元，引申为获得很大的成就或很高的荣誉，多指金榜题名，泛指各种竞技比赛、参加各种考试，取得好名次，名题金榜和及第成名，按照民间传统习惯，应试者及其家属亲友都用桂花、米粉蒸成糕，称之为广寒糕，相互赠送，取广寒高中之意。所以蟾宫折桂的意思就是比喻科场得意、金榜题名，就如同是折到了月宫中的桂枝。

　　寓意蟾宫，即根艺金蟾摆件，长20厘米，高23厘米，宽18厘米。是十年前光大会展上请来的，当时展台上，这只香柏木三脚金蟾"拉风哥"独领风骚，被醒目地置于一个杜鹃根雕花架上，它身材肥硕，站在装满元宝和铜钱的纳财罐上，双目圆睁，右足把持着罐口，左足紧拽着一串铜钱，摆出一副"洪荒之力"助刘海招纳财宝的pose，吸引了来往的观众，我被它一眼迷住了，欣然解囊将它请了下来。

　　寓意桂枝的根架，是多年前在广西桂林根雕市场收进的。长40厘米，高22厘米，宽23厘米。月桂属樟科常绿乔木，原产地中海地区，与中国桂相近但不同科。中国也有桂冠之说，它以桂枝编织，取其清香高洁。三国时繁钦的《弭愁赋》中有"整桂冠而自饰，敷藻藻之华文"之句，意思就是编织桂冠来打扮自己。又有明初宋濂的《重荣桂记》所叙，江西庐陵周孟声读书人，家院有棵大桂树，枝叶繁茂，元末动乱树被烧，只剩光秃秃的树干。到明初天下安定，树干竟发出新芽，不几年，老树又郁郁葱葱。可见桂树的顽强生命力。这件天然造型的根架，虬曲飞动、起蕊有致、婀娜多姿好比月宫中的桂枝。金蟾摆件与根架结合一起，真是相得益彰、珠联璧合，构成了一幅三维立体的"蟾宫折桂"画面。

　　根艺小品完美地以根艺形式表达诠释了"蟾宫折桂"的意境。在中国封建社会科举场，每年秋闱大比刚好在八月，因此人们将科举应试得中者称为"月中折桂"或"蟾宫折桂"。《红楼梦》第九回中林黛玉听说贾宝玉要上学了，就笑道："好，这一去，可定是要蟾宫折桂去了。"以蟾宫折桂比喻科场得意、科举登第、榜上有名，同时，也充分表达了古代人民对月亮的美好向往。

（图片摄影：张静庵）
《新民晚报》2019年9月4日第19版

黄杨木雕·和合二仙

　　新年前夕，城隍庙街上，卖年货的人川流不息，我却来到新开张的福佑路古玩市场，收下了这件旧藏小叶黄杨木雕和合二仙人物摆件。

　　摆件高14.5厘米，直径6厘米。结构生动自然，造型规整，为老黄杨木，其质地坚韧光洁，纹理细密，古朴美观。雕刻生动、人物面容安详，

双目微合，如入物我两忘之境，澄明一片。衣袂轻扬，于不经意间显露出神采，工艺之高超，超乎想象。和合二仙的外形为一仙手持一枝荷花，一仙手捧一只竹盒。"荷盒"即为合作的意思。那荷花是并蒂莲的意思，盒子是象征"好合"的意思，和合二仙是传统象征形象，作为"家庭和合，婚姻美满"的意义深入人心。加以屈曲㛤旎的底坐，更加显出二仙不同凡俗之处。其真实而逼真的刻画功力，情态跃然眼前，非高手所不能为。"和合二仙"有着与时俱进的生命力，随着历史的变迁，时代又赋予"和合二仙"新的象征意义，它是"和合文化"的象征，也是"和谐社会"的象征。

黄杨木主要产于浙江乐清、温州一带。生长极为缓慢。成材者最大直径不超过33厘米。《本草纲目》称"黄杨性难长，俗说岁长一寸，遇闰则退"，民间有"千年不大黄杨木"之说。其质地坚韧细腻，软硬适中，肌理如人的皮肤，色泽泛黄，经年历月，把玩摩挲，则变得深沉光润。元时已有黄杨木雕作品。到明清时期已发展成为独立的木雕品种。浙江乐清地区更是艺人辈出，时代传承，是黄杨木雕的中心。无论是用以赏玩，还是作为清心，都愉悦非常。加以题材称心，正是材质、工艺、审美合力成就的佳作。我国木刻历史上，早在元代以前就用黄杨木雕成饰件，到元代已用于人物雕刻。

"和合二仙"人物刻画精细入微，包浆醇厚。两仙雕凿构思巧妙，采用圆雕法分雕和合二仙，一站一坐，形态生动，细节逼真，颇具匠心。质地坚韧光洁，纹理细密，色黄温润，具有象牙效果，年久色愈深，古朴美观。黄杨适宜刻雕小型木雕摆件，它是中国传统木雕艺术中的一个门类，与"东阳浮雕"、"龙眼木雕"、"金漆木雕"并称为"中国四大木雕"，不仅具有欣赏价值，且还有可贵的收藏价值。

黄杨木雕·一鸣惊人如意

　　该如意摆件，是去年从藏宝楼觅来的，它长20厘米，宽6厘米，厚4厘米。为温州乐清仿古做旧工艺，构思巧妙，形象生动，系黄杨木上刻柳枝低垂，细叶如娥眉，上伏一只蝉，雕刻细致，翅足皆见，蝉立枝头而鸣，寓意一鸣惊人。

　　我们都知道蝉的生长是历经多次蜕变的，经过至少三年的孕育时间破土而出，长出翅膀，一飞冲天。当我们在树下听到不停的鸣声，就知到树上肯定有蝉的存在。所以蝉的生长过程就像我们为梦想打拼的过程，十分艰辛，但坚持下来，就能迎来光明，预示我们的梦想最终实现，事业上顺风顺水。这也是为什么从古代开始人们就喜欢佩戴玉蝉，它能够护佑想要考取功名、事业有成的人，心愿达成。蝉自古就是高洁、顽强的象征。在

黑暗潮湿的环境下成长，不甘寂寞、枯燥，自强不息，充满自信，茁壮成长，长出属于自己的翅膀，翱翔蓝天。这种蜕变也是人们对于明天的期待，希望未来能迎来更美好的自我。如同蝉在盛夏最繁盛的，季节唱响、谱写出生命的华章。这种生生不息的精神也让人十分敬佩，古人将玉蝉作为口含，也就是寄托了转世再生的美好愿望。

　　总之，黄杨木雕"一鸣惊人如意"，其雕刻精美，工艺精湛，雕工线条流畅，皮壳自然，不愧是一件含义深刻、品相完美和制作精良的好摆件。

（图片摄影：张静庵）

黄杨木雕·达摩

黄杨木又名黄杨。属黄杨科黄杨属，分布于热带和亚热带地区。它的生长范围较广，主要分布在云南、贵州、陕西、湖北、浙江、江西、台湾等地。它作为一种典型的矮小常绿灌木，生长周期漫长。明代李时珍的《本草纲目》就有"黄杨性难长，岁仅长一寸，遇闰则反退"一说。因其生长缓慢，黄杨木一般需要五、六百年才能成材，遂使古人有"千年难长黄杨木"之叹。但它重量很轻，有香气，质地坚韧，纹理细腻，比较珍贵。　　　　此件旱黄杨镂空达摩坐像木雕摆件，高15厘米，宽7厘米，长7厘米。脸部雕刻为深目高鼻、秃头长耳的梵僧形象，隆颡虬髯，造型为传统的罗汉式，面目似胡人，而衣饰则纯为汉人装束，双眉紧锁，双目炯炯有神，凝神回首，衣袂鼓荡，手持经卷，脸部流露出缄默沉思的表情，身帔通肩袈裟，袒胸，一幅超凡脱俗，不食人间烟火的神态。达摩追求精神超脱，为佛教经典中的讲究修行的大德高僧，通常不论是佛教信徒，还是文人雅士，人们都喜欢供奉他的形象。达摩，粗眉卷须，为印度人的相貌特点，身披袈裟，足踏覆莲，表现了达摩长期在中国传教并受中国道教文化影响情况。包浆栗色红亮，达摩又称菩提达摩，传谓南朝梁时的高僧，天竺人，本名菩提多罗，于梁普通元年入华，武帝迎至金陵。后渡江往魏，止嵩山少林寺，面壁九年而化。达摩提倡断绝一切想念杂思以求悟得佛理，被奉为中国禅宗的初祖。

此件作品，雕刻精湛、神态飘逸、生动活泼、栩栩如生，包浆栗色红亮，品相完美。整枝黄杨木为材，达摩形神俱备，器宇轩昂，双目炯炯有神，雕工细腻老到，衣褶厚重流畅，刻工精致细腻，笔意深刻，包浆深入木质肌理，作者以其精湛娴熟的雕塑才华，成功地塑造了一位容貌威严、身材伟岸、风度轩昂的来华圣僧形象，是一件气息浓重的木雕作品。

（图片摄影：王　路）

黄杨木雕·胡人牵骆驼

　　五一期间喜欢收藏的我，在新开张的城隍庙古玩市场觅得了这件黄杨木作品——胡人牵骆驼。

　　该作品长19.5厘米，宽5厘米，高8.8厘米。胡人牵骆驼为圆雕作品。驼俑为双峰驼，上有毡垫，驼首略侧上昂，张嘴作嘶鸣状。腰身略长，四腿直立于长方形托板上。胡人头戴折沿尖顶帽，身着窄袖长袍，领口外翻，内着半臂，腰后系一包袱，下着裙，足蹬长靴。双手握拳，姿势呈拉缰绳状。将景致表现得淋漓尽致。此件作品是仿清代宫所制，刀法圆熟，刻工精细，从那精湛凹凸显现的刀法下，显示了骆驼的雄姿并充分展现了匠师娴熟的高超的艺术造诣。作者相由心生的构思、集圆、浮雕手法于一体、因材施艺、去芜存菁把握到位，成功定格全景式的画面，凸现出行旅驼前

行的生动形象和展现"西出阳关"的写实场景，具有错落有致、疏密相宜的视觉审美效果，并涵有驼队融入大漠莽原的时空所呈现的"天人合一"情趣。"胡人"是古代汉人对西北少数民族的称呼，并扩大涵盖中亚、西亚等地少数民族，是对游牧民族一种称谓。后改变成对居住在中国北方和西方的外族或外国人的一种泛称。由长安通向中亚、西亚以至于阿拉伯的丝绸之路是中国对外交通、贸易的重要纽带，唐代时这条商路更加繁荣，商队络绎不绝。骆驼是托运物资的重要工具，被称为"沙漠之舟"。

　　这组耐人寻味品读的作品比例和谐，神情准确。其实它是仿古作品，古代多次发现由胡人与动物造型作品。它是仿制唐三彩胡人牵骆驼俑的形象造型，精雕而制。《胡人牵骆驼》不愧一款造型优美，生动，逼真的仿古黄杨木雕摆件，静中有动，动中有静，它生动地再现了唐时丝绸之路这条繁荣商路、商队络绎不绝的盛景。

（图片摄影：吴勇）

黄杨木雕·十八罗汉如意

　　藏宝楼的古玩市场搬迁福佑商厦后，我觅到了这件黄杨木雕"十八罗汉如意"。该件长20厘米，宽4厘米，厚4厘米。十八罗汉是指佛教传说中十八位永住世间、护持正法的阿罗汉，由十六罗汉加二尊者而来。他们都是历史人物，均为释迦牟尼的弟子。十六罗汉主要流行于唐代，至唐末，开始出现十八罗汉；到宋代时，则盛行十八罗汉了。

　　十八罗汉的出现，可能与中国文化中对十八的传统偏好有关。"十八"是一个吉数，中国文化中的许多数量表达都用"十八"，如"十八世"、"十八侠"、"十八般武艺"、"十八学士"等。佛教中也有许多"十八"，如"十八部论"、"十八界"、"十八变"、"十八层地狱"等，"十六罗汉"变为"十八罗汉"显然与这种"十八"情结有关。

在历史上嵩山少林寺也出现过少林十八罗汉。十八也谓十八界，即六根、六尘、六识。"十八罗汉"包括坐鹿、欢喜、举钵、托塔、静坐、过江、骑象、笑狮、开心、探手、沉思、挖耳、布袋、芭蕉、长眉、看门、降龙、伏虎诸罗汉。通过各自的面部表情和神色状态充分表达十八罗汉在文化背景、性格特征、社会地位及思想感情等方面的不同。因此每个罗汉头的形象都独具特点，或庄严，或诙谐；或凝重，或灵动；或喜，或怒；或金刚怒目，或菩萨低眉，表情都自然生动，眼神富有神采，毫无矫揉造作之气。

黄杨木雕"十八罗汉如意"是一款带有吉祥、辟邪、富贵为题材意义的作品。其材质上乘，雕工精致，与现代如意拼雕是无法比拟的好摆件。当代如意因为取材困难和雕刻技艺原因一般如意多为拼雕而成，而此款十八罗汉高密度主题雕刻，极具收藏价值。

（图片摄影：王 路）

一只漂亮的麻梨木花架

十年前我一次赴天津学习调研时，趁午休的机会去鼓楼天街古玩市场逛了一圈，让我有幸"邂逅"了一件天然根雕，这件至今让我偏爱有加的是麻梨木根雕。学名小叶鼠李(又称琉璃枝)，是一种落叶灌木，耐寒，长在山背的石缝中，生长速度缓慢，其根茎木质坚硬如石，具有天然图案花纹，其硬度和密度均大于紫檀与条纹乌木，其色泽温润，有些根部出现瘤化，木纹丰富，耐火烧，落水沉，无杂味。古朴美观，因奇特的体貌和令人称绝的材质，常被人们用来制作烟斗、手串等工艺品。

这只根艺，长23.5厘米，宽14.5厘米，高14厘米，其色泽暗红，周身布满各种暗花，形态隽美诡秘：正面，根脚盘绕，枝节交错，纹理细密、光洁，恰似仙洞掘凿岩崖为空的佛龛为景致，意境藏玄纳圣、令人有幽玄神秘之感；背面，根体锋棱宛然，筋骨毕现，则见通体一色，至纯至净，

整体根架突显俊、险、秀、旷诸美兼而有之，尽显苍劲、古朴、典雅之品质，让人赞叹不已、浮想联翩。制作高档麻梨木工艺品，必须选用五十年以上树龄，且根部出现瘤化的材料。由于麻梨木一般生长的环境都比较恶劣，受条件环境的影响，多数内部出现中空，砂眼，甚至夹杂石块，因此出材率极低。也使制作时选材的难度增加了，因为其密度极高，"木性"很大，采回后必须阴干数年后才能开料制斗。外观呈现嶙峋多致，褶皱深刻，悬壁部分，宜凹凸垂挂，厚薄有致。奔崖注壑，有由此达彼、接引纳祥、自度度人之妙纹理密布的显著特征，引人入胜。

"方寸之架纳万千气象，蕞尔之根寓山岳精神"这件根架请回后，为保持根艺的"原汁原味"和自然状态，我仅对其表面稍作简单保养处理，对根体丝毫未动一刀。远望，根面蜿蜒起伏,峰峦叠嶂；近观，颇具的风致和韵味。纯属大自然鬼斧神工，不仅具有以大观小，咫尺千里，缩龙成寸视觉效果，更有小中见大，精致入微，以皴传神，以形显貌的美学效应，成为我多年来收藏中和心头、直待恋着的宝贝。

(图片摄影：张静庵)

自然根艺底座

沪太石展我觅到了一件麻梨木根艺。麻梨木学名小叶鼠李（北方俗称麻梨子疙瘩或琉璃木)，是一种落叶乔木，主要生长在北方燕山、太行山脉，其性耐寒，生长的自然环境比较恶劣，多为风化岩地貌山区的岩石缝隙中，导致生长极其缓慢，一般有四、五十年树龄的麻梨木根，其直径也只有20厘米左右，根茎年轮相当细密，木质坚硬如石，具有天然图案花纹，干燥后经细心打磨抛光，色泽红润，花纹清晰，光彩迷人。

该根艺座架，长20厘米，宽11厘米，高6厘米。外形呈斜卧状，前脚为一个流畅弯曲的枝干，后脚为一个漂亮匀称的疙瘩，主体根体光洁，根表包浆凝重木质纹理细腻，色泽暗红，周身布满各种暗花，让人浮想联翩，整体根料质地坚硬，握在手上有些分量，给人一种质朴厚重感。根雕除上下两个部位表面经打磨，其它部位未作任何雕凿处理，纯属自然造型，根

座自然流畅，抱朴守拙。我从玻璃柜中，取出了一只珍藏多年的紫沙茶宠猴子置于根座上，一只老猴圆睁双目，双腿和身子伏在树墩上，一手撑着地，一手伸着长臂捞东西，酷似一幅有趣的猴子捞月的生动画面跃入眼帘，底座和茶宠组成了一件动静相宜、虚实相生的好作品、好摆件。

　　奇石和根雕是一门自然艺术，是世间最普通、最常见的艺术，关键在于在于发现、利用和创作。奇石和根雕虽属两类材质和造化截然不同，都是大自然赐予人类的艺术品，两者常常是形影不离，有石展必有根展。这次沪太赏石博览会，我有幸收到几方石头的同时还觅到几件漂亮的根艺，这件麻梨木底座就是其中一件。

《新民晚报》2018年12月11日第17版

紫檀"八仙过海"笔筒

　　十年前，我在上海友谊商店觅得这只小叶紫檀八仙过海笔筒。小叶紫檀，学名为"檀香紫檀"，紫檀属乔木为紫檀中的精品，密度大棕眼小是其显著的特点，且木性非常稳定，不易变形开裂。小叶紫檀多产于热带、亚热带原始森林，以印度迈索尔邦地区、缅甸地区所出产的紫檀最优。它的紫色，被视为家具中最尊贵的颜色，紫檀家具也成为身份地位的象征。

笔筒紫檀质，圆筒式，高19厘米，直径15厘米，重1.982千克。作者大面积施以深雕和镂雕技法，雕刻山石，峭壁陡立，岩石下几株苍松旁逸斜出，虬枝古拙，亭台楼阁、小桥流水、原野瘦石、浮雕深浅的变化、人物栩栩如生、悠然自得，景物远近、大小层次清楚、区别处理得当。独撑一片小洞天，神态刻画的极其生动，生动表现了八仙过海悠闲场景。八仙过海为民间脍炙人口的故事。最早见于杂剧《争玉板八仙过海》中。相传白云仙长有一回于蓬莱仙岛牡丹盛开时，邀请八仙及五圣共襄盛举，传说吕洞宾等八位神仙途经东海去仙岛，只见巨浪汹涌。吕洞宾提议各自投一样东西到海里，然后各显神通过海。于是铁拐李把拐杖投到水里，自己立在水面过海；韩湘子以花篮而渡;吕洞宾、蓝采和、张果老、汉钟离、曹国舅、何仙姑也分别把自己的萧、拍板、纸驴、鼓、玉版、竹罩投到海里，站在上面逐浪而过。八位神仙都靠自己的神通渡过了东海。"八仙过海"根据这个传说而来。又叫做"八仙过海，各显神通"此器以刀代笔，刻露敷屑以表现山水洞天等典风间盛伐故事，以不同的人物造型和神态雕刻神韵技法，完美展现了中国传统红木工艺。

由于紫檀生长期长达八百年以上，所以很多树干都会出现中空现象，即有"十檀九空"的说法。对于中空的紫檀材料，中国人不但不弃，反而经过文人的巧妙构思，工匠的巧夺天工，制成颇具文人雅趣的笔筒，构成当今收藏的一个主要题材。小叶紫檀八仙过海笔筒作品主题独特，布局结构和创作思维活跃，完美的体现了紫檀木雕的一个鲜明亮点，朴实中隐藏了强烈的传统民间色彩，成为一件不可多得的珍藏品。

(图片摄影：王 路)
《新民晚报》2019年6月26日 第20版

紫檀笔筒·松竹梅

　　2006年夏，我在上海友谊商店觅得了这只小叶紫檀质笔筒。小叶紫檀，为双子叶植物纲、蝶形花科、紫檀属乔木。小叶紫檀为紫檀中的精品，密度大棕眼小是其显著的特点，且木性稳定、不易变形开裂。产于热带、亚热带原始森林，以印度迈索尔邦、缅甸地区所产紫檀最优。小叶紫

檀质地坚硬，盘玩后色泽从红棕到紫黑色，纹理细密。硬度为木材之首，系称"帝王之木"，非一般木材所能比。

紫檀木笔筒，直筒形，高17厘米，直径12厘米，重1.298千克。外壁施以浮雕、透雕等多种手法，雕刻松、竹、梅和5只飞鸟等，构图以岁寒三友为主，柔态百千。虬松状若盘螭匍匐攀壁，虬枝古拙，松针如轮，针鬣分明，苍松隐映竹交加；古梅桩郁郁葱葱、曲折迂回，花姿俯仰顾盼，梅花竞向绽放；另有翠竹丛生缀饰其间，奚落飒爽。松竹梅敧立，浮雕松、竹、梅于一周，运刀刚劲犀利，磨砻圆熟，质理光泽油润，雕工精细。我国自古以来就有崇尚紫檀之风，是最早认识和开发紫檀的国家。松竹梅，合称"岁寒三友"。古有"松竹梅，岁寒三友；桃李杏，春暖一家"之说。这三种植物在寒冬时节仍可保持顽强的生命力而得名，是中国传统文化中高尚人格的象征，也借此比喻忠贞的友谊。松、竹经冬不凋，梅则迎寒开放，因称"岁寒三友"以此作为命名缘由：一方面取其玉洁冰清、傲立霜雪的高尚品格，另一方面也将其视作常青不老、旺盛生命力的象征。笔筒通体施刻，刀法娴熟，线条流畅，深浅结合，层次清晰。其构图繁密，雕刻的景致与紫檀的纹理相映成趣。

松竹梅小叶紫檀笔筒，整体无孔洞，整面镂空雕刻，布局相当疏朗有致，雕琢镶嵌均精细得当，富有生趣的图案，再经紫檀的深沉木色衬托，愈显清新莹润，朴素雅致，可谓是简洁之中见典雅，平淡之中见奇趣，当属笔筒中非常高贵的一种。

（图片摄影：王 路）
《上海收藏家》报2019年7月10日第3版

"福寿双全"檀香瓶

　　这件"福寿双全"檀香镂空瓶是从友谊商店觅来的。檀香木，又名白檀，属檀香科常绿乔木，原产印度、印尼、澳大利亚和非洲。我国台湾、广东也有引种栽培，它的花初开时黄色，后血红色，木材奇香，常作为高级器具、镶嵌、雕刻等用材。

　　该瓶高29.5厘米，胸径7.5厘米，口径6厘米，底径6.5厘米，它取材印度老山檀而制。瓶身布满镂空细密菱形、铜钱网格纹，并前后镂刻隶书"福寿"二字，寓意财源滚滚，长命百岁福寿双全。镂空是一门雕刻技术，外表看起来是完整的图案，但里面是空的或者还镶嵌其他镂空物件。檀香木雕刻工艺品更可谓珍贵无比，家中摆放芳馨经久；若置于橱柜之中又有熏衣的作用，使你的衣物带有淡淡天然高贵的香味，能驱邪避凶，提高你的亲和力。檀香木极其珍贵，我国天然檀香树早在明清时期就已经被砍伐殆尽，国内的檀香原木都依赖进口。因檀香木生长条件苛刻，产量极低。全球仅存的天然檀香木只有印度、斐济和澳大利亚等湿热地区。其中以产自印度的老山檀为上乘之品。印度老山檀是属植物界中的檀香科,其特点是木质细腻，色白偏黄，油质大，香味恒久，防虫防腐。是贵重的工艺材料，多用于雕刻佛像、人物和大象等动物造型，以及制作檀香扇、珠宝箱、首饰盒、拐杖等。从檀香木中提取的檀香油是自然界所有花草树木提炼香精中价格最昂贵的，也是配制其它各种高档香水、香精必备的基础定香剂。正是因为如此，它已被广泛应用于化妆品、日用品、宗教用品，乃至保健食品和香烟加工业。

　　檀香是一种非常稀有昂贵的东西，它的形成是一个非常复杂的自然生成过程，因此，檀香的身上集聚了大自然的精华和灵性。檀香，佛家谓之"栴檀"，素有"香料之王"、"绿色黄金"的美誉。它取自檀香科乔木檀香树的木质心材(或其树脂)，愈近树心与根部的材质愈好。常制成木粉、

木条、木块等或提炼成檀香精油。正宗檀香木市面上已难得见到，传统的雕刻工艺已失传。因此多年前在友谊商店觅得的檀香镂空瓶，不仅材质珍贵、雕功精湛、品相完整，实属一件少见少有的精品、珍品，值得收藏爱好者品鉴、收藏。

（图片摄影：王 路）

《新民晚报》2019年9月25日第21版

小和尚念经

　　前几年在上海展览中心展会上，我有幸觅到了一对可爱的香樟木雕小和尚。其中这件是《小和尚念经》作品。它高27厘米，宽18厘米，厚16厘米。小和尚面目祥和，盘膝而坐，双目微闭，口中念念有词，佛号绵绵密密从未间断。其实它叙说了这样一个故事。

从前，在一个深山老林里，有座古老而神秘的寺庙。清晨伴着山林里鸟儿的歌声，寺庙再次敲响了大古钟，老和尚又收了一个新的徒弟，就是三心二意的觉圆。老和尚捋了捋自己的胡子，严肃地说道："大家都听好了，现在我们来念经。"小和尚们都认真地念了起来，唯独觉圆念着念着便打起瞌睡来，老和尚发现后很生气，就将觉圆拉入他的房间，语重心长地说："觉圆，念经人要能静的下心来，才能念好，你就在房间里给我念念宋词吧！等你安下心来再与我们一起念经。"小和尚听了，点了点小光头，拿起师父给他的宋词就念了起来。不一会儿一只蝴蝶飞了过来，落在了窗户栏上，觉圆看见了蝴蝶，便放下手中的书去追蝴蝶了，一个上午的时间就这样过去了，下午老和尚走进房间，发现觉圆又在打瞌睡，大声地喊道："觉圆，把你上午念过的宋词作文背给我听听！"觉圆吓了一跳，迷迷糊糊记得不太清楚了，"大儿去、去、去抓蝴蝶，中儿，中儿忘了。"老和尚听了怒气冲冲地说："这么简单的你也能忘了，那你就给我念一首古诗，再念不好，今晚就不要睡觉！"老和尚气呼呼地走了。小和尚背呀！背呀！肚子好饿啊！咕咕咕叫了起来，他想背诗好无聊呀！要是能吃上烤鸭腿多美味啊！他想着想着，口水流了下来，老和尚又察觉了小和尚背诗时总是心不在焉，走到房间问道："会背了吗？"觉圆挠了挠头说："会背了。""那你背给师父听听。""好雨知时节，当春乃发生，咕咕咕……"觉圆肚子响了起来，他便想到了好吃的烤鸭，"夜来烤鸭香，我的口水当当当。"觉圆边背诗还边在做梦呢！"什么？"师父气得破口大骂，你今晚就不要睡觉啦！

小和尚念经——有口无心是一句歇后语，联想现在教学中应该注重的问题。读有所思，读有所悟。而不是空洞的死读，要将阅读和思考、联想结合起来，来加深认识。读书的效果才会越来越明显。"阅读不能改变人生的长度，但可以改变人生的宽度。阅读不能改变人生的起点，但可以改变人生的终点。"让我们成为学生阅读的一个促进者，使学生在读中思考，真正做到"有口有心"，尝试为学生的学业和终身发展打下坚实的基础。

（图片摄影：王路）

小和尚敲木鱼

　　前几年我在上海展览中心展会觅到了一对可爱的香樟木雕小和尚。其中，这件是《小和尚敲木鱼》作品。

　　该作品长39厘米，宽17厘米，高13.5厘米。小和尚他双手交叉左手还握着佛珠，爬在木鱼上呼呼睡大觉,他的故事是这样的。小和尚智慧在寺院专事撞钟一职。按照寺院的规定，他每天必须在早上和黄昏各撞一次钟。开始时，小和尚撞钟还比较认真。但半年之后，小和尚觉得撞钟的工作太单调，很无聊。于是便"做一天和尚撞一天钟"了。一天，寺院的主持忽然宣布要将他调到后院劈柴挑水，不让他再撞钟了。小和尚觉得奇怪，便问主持："难道我撞的钟不准时、不响亮？"主持告诉他："你的钟撞得很响，但钟声空泛、疲软，没有感召力。因为你心中没有理解撞钟的意义，

也没有真正的用心去做。钟声不仅仅是寺里作息的准绳，更为重要的是唤醒沉迷众生。因此，钟声不仅要宏亮，还要圆润、浑厚、深沉、悠远。一个人心中无钟，即是无佛；如果不虔诚，岂能担当撞钟之职？"小和尚听后，面有愧色，此后，他潜心修炼，终成一代名僧。每半个时辰撞一次钟，从不早一分也从不迟一秒，声音悠远洪亮传扬四方，要唤醒那沉睡的人们迷途知返，同证彼岸。香客顿然大悟，原来成佛之道不在于要懂得多么深奥的佛理，最主要的是脚踏实地做好自己应该做的事情。

　　木鱼是佛教的一种法器，共有两种。最常见的一种是圆鱼形，大小不等，大者置于佛殿，小者置佛案。二者均使用硬木制成，中心挖空，和尚诵经时用木锤敲击它，便发出清脆的声音。其用途是便于掌握诵经节奏与调整音节。另一种木鱼，悬挂在寺院斋堂附近，呈直鱼形，扁平而中空，又称着"梆"，敲击声十分响亮，是作为通知僧众进斋饭的信号之用的。这种木鱼大都是吊在庑廊的木梁下，悬吊的方向却很有讲究。按佛门规矩，一般寺院只许鱼头朝寺内方向，只有十方丛林方可鱼头朝外。和尚敲木鱼除了上述用途外，尚有它更深一层的含义，就是"自警"。因为"鱼昼夜未尝合目，亦欲修行者昼夜忘寐，以至于道"。这里说得十分明白，佛教徒在修行中的这种"警众"与"自警"（不寐），乃是他们之所以敲木鱼的宗教内涵。

　　"聚沙成塔、集腋成裘"只有今天的努力，才会有明天的改变。成功的收获是要靠每一滴辛勤的汗水灌溉。我们只有以认真的工作态度，精心做好每一份工作，"每天按时撞好自己的钟"，只有这样我们才能实现自我的理想与价值。

（图片摄影：王璐）

孙新根艺 扎根新场

　　古镇新场桃花掩映的胜景谢幕之际，我步入了修缮后的孙新根艺文化艺术馆，参观了国家根艺大师孙新的根艺作品。让我感触最深的是这件大型香樟卷书屏风《万水千山》根艺作品。

　　被称作"巨无霸"的大型《万水千山》根雕，可谓是该馆的经典之作。整件作品取材一张老香樟树皮，长约3米，高3.2米，厚0.8米。作品仅为树干半径的四分之一。从时间上推断，估计这棵树至少有400年的树龄。大约三十年前，孙新在福建与江西接壤之处的森林中发现了这颗枯死的老树。八十年代初有人曾想出巨资收买，孙新没有答应。该根雕根面纹理清晰、气势磅礴、沟壑纵横、层峦叠嶂、怪洞奇窟、变化多端、震撼人心，有一种精彩的山水感觉。孙新禀承了"根艺要因材施刀，不能破坏它的自然。"原则，利用树木原有的纹理，因材施艺制作了红军不畏艰难、爬山涉水的景象。蜿蜒曲折的山路、若隐若现的人、马，与整个根体浑然天成。将红军爬雪山过草地、胜利会师等历史画面生动、成功地浓缩描绘展现出来。再现了红色经典、弘扬长征精神、助力中国之梦的鲜明

主题，作品具有较高的艺术收藏价值。香樟木的硬度比较高，不易磨损，非常适合雕刻。同时，樟树含有极重的油质和铁质，在高压水枪冲洗或者高速打磨时散发出不同一般木材的气味，比较特殊。这种油质和铁质不变形，防酸碱，而且特别防潮耐腐。由于富含"铁"元素，香樟木质经过抛光、氧化后，会呈现黄金色，而且颜色随着时光流逝更显。这件根雕成为孙新根艺馆的代表之作、得意之作和镇馆之作。该馆类似将革命历史题材引入根艺的作品，还有"指点江山"、"天路"等作品。孙新出生于福建省连江县工艺世家，以往闽派根雕的题材，多为古代人物、鸟兽等，模拟自然万物以至佛道神仙的形象进行艺术创作，融物与我、形与意于一体。体裁比较狭窄。孙新进行大胆尝试，认真查阅历史资料，开始创作贴近现实生活、贴近历史的作品，这在根雕界并不多见。孙新根艺馆建筑面积有1000多平方米，内分上下两层，共设展品300多件，其中大件50余件，其作品不乏瘿木、金丝楠木和红豆杉等名贵的木料，也包括崖柏、香樟和黄金樟木，其中不少作品曾在国内根艺大赛中还荣获过金奖、银奖。主要作品有：英雄柔情、万水千山、天眼、冰川世界、腊梅迎春、荣耀中华、丰、诉衷肠、旋、仁者寿、达摩诵经、高洁、圣火、直上青云和渡等，其中"英雄柔情"是多次获得金奖。2016年8月8日，新区民政局批准更名成立上海浦东新区孙新根艺文化艺术馆。2017年10月由浦东新区新场镇人民政府和浦东新区南汇博物馆专门举办了《大象无形——孙新根艺三十年回顾展》。2018年为配合上海进博会，孙新根艺还被邀请进入世界贸易馆东亚厅展销。

　　走出孙新根馆感受最深的是：这几年孙新在镇政府的扶持帮助下，经过自己的努力打拼，已适应水乡的环境，他的根艺已融入了古镇的文化生活。回首十多年来的经历，他将新场作为自己的主战场一直坚守在这里，默默地为古镇添砖加瓦，孙新根艺扎根新场。

（图片摄影：张静庵）

《新民晚报》2019年5月21日第22版

古镇飞出金凤凰

　　新场 —— 古镇，穿镇而过的水乡河道，雕刻精致的石拱桥，傍水而筑的民居，高垒的石驳岸，沿河人家的马鞍形水桥等，充分显示出一个享有"十三牌楼九环龙"美誉、有着近千年历史的江南水乡古镇。三月下旬一个风和日丽的日子，当桃花节尚未登场，我和老同学特意来到这里，参观了改建中的"孙新根艺馆"。尽管"根馆"尚未竣工，但轮廓形象已初露端倪。中国根艺大师——孙新热情地接待我们。这间由仓库改建的场馆，面貌有了较大改变，虽然占地面积不变，空间稍增高了些，一层改二层，显然比过去宽敞多了。过去操作、材料和展示为一体，摆放凌乱，条理不清，展馆显得相当拥挤，而改建过的根馆，设置、布局按功能划分，作品按分类摆放，条理明显清晰，根馆已今非昔比像样多了。

　　工夫 —— 名不虚传。参观之后，我们又来到馆内的工场操作间，在一堆根料前，我们停住了脚步，这里堆放着各种根艺的毛料，大多为创作时裁剪下来的边角料，我随手挑选了两个50公分大小的残料，请孙大师为我们当场献技。大师含笑答允，他分别将两个根料握在手上，认真目测、反复摆弄了几下，于是就开始操作了，不到一会儿工夫，两件作品就完成了。一件"姜饼

木"根材，长60厘米，高46厘米，仅在鸟的头部动了刀，身体部分丝毫未动，它展开了宽大的羽翼，从水草中一跃而起飞向天空，成了一只引颈昂首的天鹅；而另一件"紫柚木"根材，长52厘米，高38厘米，蜿蜒、舒展的根节成了鸟的羽翼身体部位，也只是在顶部即鸟的头部动了几刀，它成了一只曲颈回首的凤凰（见图）。根艺不同于根雕，俗话说："根艺，三分人工，七分天然"而孙新的根艺作品，人工往往连二分也不到，有的甚至只有一分，他强求作品的自然性、原生态，不轻易动刀"惜刀如金"。其特征：精在动刀简炼、流畅、准确，追求有形、有神、有情、有趣；重在纯净、粗犷、朴素、野趣，善于利用根的枝、须、窟窿、节疤、纹理和色泽等自然形态，从而发现根材的本质特点并巧妙地加以利用，恰到好处地表现出物象的典型特征。两件被废弃的残料，不到一个小时就变成了艺术品，在边上的同学赞叹道：俗话说，鸡屋里飞出金凤凰，你这真是"柴禾堆"里飞出了金凤凰。

凤凰——传说中的神鸟。而现实中的"凤凰"不是天生的，需要自身努力和环境造就的。"筑巢引凤，招贤纳士"这是新场镇政府重视古镇文化和历史开发工作的一项明智举措，近年来，引入了一批怀有各种特技的民间艺人，有效地促进了古镇历史文化传承工作。如今，作为第四批中国历史文化名镇的新场镇结合美丽乡村建设，随着相邻的迪士尼开园，进入了一个新的发展阶段，将形成东西方娱乐文化直接对话。重点依托古镇区位优势、环境优势、历史人文优势和服务优势，扶持推进民间艺苑生存、发展工作，进一步营造良好的人文氛围，将是古镇面对的关键核心问题。孙新2006年入驻了海泉街。转眼到古镇已近十年了，回想起当初背着工具箱，只身来到新场从业至今，在镇政府的扶持帮助下，孙新经过自身的努力创业，根馆发生了较大变化，为当地的根艺文化作出了自己的贡献，2015年7月在浦东图书馆，他的62件根艺被邀参加了"盛世寻根"公益展，9月他的部分根艺又参加了上海城市空间艺术季之"更·新场"古镇实践案例展活动。经过十年的打拼努力，孙新"根馆"今非昔比，已成了古镇民间艺苑中的一个新亮点。给古镇民间艺苑增添了一道绚丽的色彩，让我不由感叹："孙新根艺美新场，古镇飞出金凤凰"。

（图片摄影：张静庵）

天生我材"笔"有用

　　五年前一个周末下午，"大胡子"店里新货刚到，正在开箱取货，我眼明手快地"抱"到了眼前这只"可爱活泼"的小狗，其实它是六道木（又称降龙木）根艺。六道木主要产于太行山、燕山、恒山三山交汇的崇山峻岭中，其根系发达，在空旷地、溪边或岩石缝中，因生长环境恶劣，所以成长极其缓慢，根节布满折皱，木质坚韧，纹理细密，相当清晰，形状多样、千奇百态，像梅花，像灵芝，像狮子……其奇特的造形和细腻的纹理成为根艺创作良选，成为根艺爱好者追逐、寻觅的目标。而今，在产地六道木根料几乎没有踪影了。

这件根艺高52厘米、长26厘米、宽24.5厘米。"小狗"头朝下，三脚着地，另一后脚向上翘起，呈抬腿撒尿状。显然它是"BOY"，原来小狗的尿液里有它的气味，叫做信息激素。公狗就是以此方式来标明自己领地的。

真是大自然鬼斧神工，这是件可遇不可求的好根艺。我将它拿在手中左顾右盼，其形体模样、个头大小酷似一只贵宾犬，精心梳剪打理过的优雅发型，一只萌萌的小耳朵，从头到脚，布满了相当得体的根瘤，细腻的纹理恰似卷曲的毛发，小狗翘起的脚，正好成为挂笔的笔架主杆。但美中不足的是小狗的脸部还不够清晰，再者还多了一根副杆，为此，我特意专程赶到浦东新场镇，找到"根艺美容师"国家根艺大师孙新，想请他帮忙再"整容"一下。经他：观，其色；闻，其味；问，其源；切，其脉。一番"诊断"后，他操着一口浓重的闽南话说："宾又，利厚（朋友，你好），这系好康，甲西某喂共（这是好东西，实在没话讲）"他一口认为这是件好根艺，并断定它是正宗的六道木。然而，他却俨然拒绝对此根再作"整容"的要求。虽然我不能听清他的全部话语，但我明白了其中意思：根艺艺术不同于寻常木雕艺术。"根艺"虽然和"木雕"相关，都是在木质材料上用刀造型，但是它们的创作原则截然不同。"悖离原料自然形态的根雕作品，准确地说，应称木雕了，因为只要给你一把刀，用任何的木材都可以雕出这样的作品来"。两者区别，简单回答："一个是以样取材，一个是以材取样"。"木雕"是以木头作原料，按艺术家预先的构思，经过一刀一刀地精雕细刻，完全改变了木材原来的形态，雕刻出各种形象，不受原材料形态的制约创作；而"根艺"，则是利用自然界各种根材的自然形态，又在作者明确的创作下，巧借天然，依势造型，因材施艺，进行取舍、雕琢创作而形成的一种艺术样式，"可以说是三分人工，七分天成"简称根艺。它兼具自然美和工艺美的双重性，是"天人合一"、"与天同创"，具有一种天然的情趣。是发现自然美而又显示创造性加工的特有造型艺术。它将那些不引人注目的、或被抛弃的枯枝残根加以利用，将大自然泥土赋予根的美妙展现出来，重新赋予了它新的生命。这种形象一旦被作者创作出来，便是世界上独一无二的艺术品，绝无重样。

（图片摄影：张静庵）
《新民晚报》2016年1月23日C6版

随形雕·对鹭

　　此件茶木根雕为"随形雕·对鹭"。随形雕，即顺应原根，依据其原始的根质肌理、形状、本色、树瘤、结疤,形而进行一种加工和创作过程。也就是将自然界千姿百态的根材，保留其原始基本体态，极少动刀，以形立意，以意导形，形意结合，基本天然而成的根雕。

　　该根雕，高62厘米，长35厘米，宽30厘米。颈部细长，脚呈青色，身高约有一尺多，嘴长约有三寸。头顶有几根长毛，可用来作诱饵捕鱼。它在树林里休息，在水中觅食。体形纤瘦，翅大而圆。一只抬头仰望，另一只回首眷顾对方。作者采用与棕鹭同色的茶树根料，生动地刻画了一对形影不离、相互眷恋的棕颈鹭。茶树，原名：茶，山茶科、山茶属灌木或小乔木，嫩枝无毛。叶革质，长圆形或椭圆形。茶树的叶子可制茶(有别于油茶树)，种子可榨油，茶树材质细密，其木可用于雕刻。作者利用茶树的根质肌理，采用随形雕的方式雕制而成。

　　棕颈鹭,为鹳形目鹭科鸟类，颈部细长，脚呈青色，身高约有一尺多，它的脚趾分开，内趾与中趾间微有蹼膜，中趾之爪的内侧具栉缘。尾巴很短，嘴长约有三寸。头顶有十几根长毛，可用来作诱饵捕鱼。常在树林里休息，体长68～82厘米，翼展116～124厘米，体重700～850克。雌雄同色。体形呈纺锤形，体羽疏松。嘴长而尖直，翅大而长，脚和趾均细长。通常可看到它们在水浅的秸秆区活动，最常运用自己翅膀的阴影，减少水的强光，达到猎鱼的目的。棕颈鹭被认为相比其他苍鹭和白鹭，猎物更为积极。该鸟通常的呼声是一种低沉嘶哑的喉音。以水种生物为食，包括鱼、虾、蛙及昆虫等，用嘴飞快地攫食，是一种中型涉禽。

　　根艺"对鹭""藏魂于自然，纳灵于神工"，强调创作中的依形度势和按材施艺，秉承顺乎自然、巧取自然。茶木本身有利用价值，大的茶木

更是稀少。从而使作品达到完美的天人合一，将根艺表达到淋漓尽致的境界，成为一件难得少见和成功的随形雕。

降龙笔架

　　这件天然造型的笔架为降龙木。降龙木，俗称六道木。为被子植物门、双子叶植物纲的一种野生树木，主要产于太行山、燕山、恒山三山交汇的崇山峻岭中，其根系发达，在空旷地、溪边或岩石缝中,因生长环境恶劣，成长极其缓慢，根脚布满折皱，木质坚韧，纹理细密，相当清晰，形状多样、千姿百态，像梅花，像灵芝，像狮子……它奇异的造形和细腻的纹理，成为根艺爱好者追逐的目标，导致在产地几乎不见其踪影。

　　该纯天然笔架，高50厘米，长47厘米，宽20厘米。笔架非人工雕凿，天然成趣、拘朴守拙、蜿蜒多姿，周身布满丝状条纹，通体华美，酷似龙的形象，因本身就是降龙木，故给它取名为降龙笔架。降龙木被传为是一种神木，它生长于黄河以北，因生长缓慢，叶片边沿锯齿状，木质坚韧，木面光滑细密，且不易折。强力折之，斜茬似刀，锋利如刃，像牛筋一般，几乎看不到年轮。据评书《杨家将》中，穆桂英大破天门阵的故事讲到，杨六郎率军攻打天门阵时，被辽军放出的毒气所困阻，伤亡惨重，后穆桂英自穆柯寨带来降龙木驱散阵中毒气大破天门阵，名声大噪，因而得名。降龙木是一种非常有韧性的木料，宋军武器为枪盾为主，而辽军以弯刀为土，两军一交战，宋军的枪就被砍断，却伤不了辽军的弯刀，只有用降龙木制作的长毛短枪，方可敌过辽军的武器，因为降龙木轻巧有柔韧性，可震断刀剑，最后大破辽军。自此，降龙木被誉为一种神木，而穆桂英的老家"穆柯寨"，就在山东的西南部。

　　"路遥知马力，日久见品质"随着时间的推移，降龙笔架归真返璞、大气天成、愈显苍劲、酷似腾云驾雾天龙。龙是非常神奇的动物，是中华民族的象征，数千年来，龙的影响延伸到中国文化的多个领域和生活之中。龙不仅是中华名族历史的见证，而且是中华名族凝聚力量的见证，也是中华名族进取精神的象征，所以，它自然成了我书桌上的一位挚友。

（图片摄影：吴 勇）

小品·布袋和尚

　　"小品·布袋和尚"系我平时收藏的东西。黄杨木雕和尚，为几年前从东阳觅得，葫芦为年初从城隍庙福佑路古玩市场淘来的勒扎葫芦，又叫系绳葫芦，不同于一般的葫芦，它用绳子或电线勒扎在葫芦上，按所需的形状进行勒扎，其时间应该掌控在作果15天左右，比成熟瓢的一半稍大时开始缠绕线绳，效果比较理想。小叶黄杨木雕和尚，高14厘米、长9.5厘米、宽7厘米；勒扎葫芦，长7厘米，高9厘米，厚6.5厘米。两者相配，无论色彩相映，而且大小尺寸相符，是一组相当完美的小品"布袋和尚"巧合绝配。

　　五代十国时期，天下大乱，地处浙东明州府的奉化，山灵毓秀，张重天在溪边捡到用布袋装着的小孩，为之取名契此，而这个小孩便是弥勒佛的化身布袋和尚。契此长大后，出家为僧，他身材矮胖、满脸欢喜、平日

以杖肩荷布袋云游四方，以禅机点化世人；他乐善好施、让众生离苦得乐。布袋和尚除恶扬善，运用自己的智慧，与世间的邪恶势力斗智、斗勇，拯救百姓于苦难之中，受到百姓的尊敬爱戴。一句"大肚能容，容天下难容之事；开口便笑，笑世上可笑之人"，便是布袋和尚的真实写照。

东阳黄杨木雕久负盛名，作品生动地刻画了大肚和尚喜笑颜开、乐善好施、解危济困、云游四方的情怀；而人工改造的勒扎葫芦，无论大小尺寸、色彩搭配，更是妙趣天成，它成了布袋和尚的天然道具。黄杨木雕和尚和勒扎葫芦两者的绝妙组合，真是尽善尽美、天衣无缝和情趣盎然的一对完美小品组合。

（图片摄影：张静庵）

古梅风韵

　　年末，古镇新场我观赏了这件白楠木根雕《古梅风韵》作品。白楠为被子植物门樟科刨花润楠大灌木至乔木，别称，美人柴、粘柴。通常高3～14米，直径达30厘米。小枝绿带褐色，干时常黑色，无毛或新枝基部有浅棕色小柔毛；顶芽球形至近卵形，鳞片密被棕色或黄棕色小柔毛。原产于山地密林中。分布于浙江、江西、福建、湖南、广东、广西等地。

　　该作品，直径50厘米，高131厘米。作者除了在三分之一处，修凿雕刻了几根梅枝和一些梅花，作品顿现古梅苍劲、虬曲自然、桩体古气盎然、树呈婀娜多姿、疏枝斜横秀雅，动势强烈，具有色彩美、形态美和风韵美。古梅桩状若盘螭匍匐攀壁，虬枝古拙，杆枝分明，苍劲挺拔，隐映交叉，曲折迂回；梅花，则显冰肌玉骨、独步早春、但见花姿俯仰顾盼、争奇斗艳、竞向绽放、寒冬蜡月，金花怒放，幽幽清香四溢，尽显古梅桩郁郁葱葱、苍劲古朴，白楠为珍贵用材树种，材色黄褐略带浅绿，有香气，结构细，强度中等，不太重，不变形，易加工纹理稍削面光滑美观，为上等雕刻的良材，置于室内，使人嗅之定会精神焕发。那不惧严寒，与严寒抗争的精神，更加鼓舞人心，深为人爱，

　　梅花，是中华民族最具文化象征的花卉品种，寒冬中绽放的梅花，凌寒留香，寓意着冬之将逝，春之到来。孙新根艺馆此件《古梅风韵》根艺作品，真是大小得体、包璞归真、风雅别致，置于书房或厅堂，不失为一件高雅大方、返朴还淳的好摆件。

（图片摄影：吴 勇）

《上海收藏家》报2020年4月15日第3版

百福具臻

    这件太行崖柏根艺"蝙蝠"，它栩栩如生、逼真完美、浑然天成，它并不是因中国国家根艺大师孙新的高超功夫技艺所致，而仅凭大师睿智犀利的目光发现，以他丰富的根艺经验，慧眼识宝觅得的。蝙蝠长50厘米，宽45厘米，高40厘米。整件作品未经人工雕凿，纯属大自然的鬼斧神工。它取材一件百年以上的崖柏坨料，坨料通常其密度较高，油脂聚合非常好，整株崖柏的精华都被凝聚在这个部位，崖柏生长环境恶劣，常年经风刮和干旱，上部枝体放慢生长速度，而根部吸收多，导致筛管逐渐扩大，如同水袋一样，不断灌水以致袋子变大，逐渐形成一个坨坨形状。因此它的形成复杂不易，导致造型怪异，却深受崖柏爱好者的追捧。该坨坨，酷似蝙蝠的双翼，经风化的水泥皮纹酷似其双翅的羽翼。而且蝙蝠的头部清晰可辨，整件作品生动地展现了一只蝙蝠正在起

飞闪动双翅的一刹那间，动态感极强，形神很到位，可以说其逼真度达到了令人咂舌的地步。它是自然界风雨侵蚀的结果，历史岁月留下的沧桑痕迹，也是大自然巧夺天工的杰作。

蝙蝠（哺乳动物，又名仙鼠、飞鼠。）形状似鼠，前后肢有薄膜与身体相连，夜间飞翔，捕食蚊蚁等小昆虫。蝙蝠是翼手目动物，现生物种类共有19科185属961种，除极地和大洋中的一些岛屿外，分布遍于全世界，在热带和亚热带蝙蝠最多。大部分蝙蝠都是白天憩息，夜间觅食。在华夏的文化里，蝙蝠绝对是"福"的象征，这在许多留存古老的建筑，以及砖刻，石刻中几乎处处可见。蝙蝠的视力很好，并没有退化。它由嘴发出高出两万赫兹的声波，叫"超声波"，人是听不见的。超声波遇到障碍物就会反射回来，传到蝙蝠的灵敏的耳朵里。蝙蝠通过大脑，判断出障碍物样子等，来判断是吃是逃。

蝙蝠是人类的良师，人类通过模仿蝙蝠的回声定位发明了探路仪、雷达。蝙蝠在水平地面上是无法起飞的，一定要有一点高低落差。蝙蝠的导航能力绝不仅限于回声定位，它体内具有磁性"指南针"导航功能，可依据地球磁场从数千英里外准确返回栖息地。而此前，众所周知，蝙蝠是著名的"夜行侠"，虽然它的视力不错，但其拥有超常的回声定位方法，仍可在黑暗中导航觅食。

这件根艺因为取材柏木，"柏"谐音"百"，而蝙蝠的"蝠"谐音为"福"，所以我专为它取名"百福具臻",臻意为至，引申为美好的，意思就是形容各种福运一齐来到。它不愧是一件根艺中的精品，崖柏中的极品。前生，吸收天地灵气，今世，演绎百年传说。给我们带来美的视觉享受并传递、祈福美好的祝愿。

（图片摄影：天男）

《新民晚报》2020年1月29日第13版

根抱石·荣耀中华

中国根艺大师孙新从广西桂林觅来一件水黄杨根抱石，该石呈瘦长形，石面完好无损并布满细密褶皱，一株水黄杨根由下而上、缠绕环抱着石体，经孙大师巧思精雕，一条体态矫健、通体华美、蜿蜒盘绕石根而上的蟠龙显现了，《荣耀中华》作品面世了。

该石高152厘米，直径60厘米，广西英石，石面布满皱纹,石似华标。英石属沉积岩中的石灰岩，该石发育较好、较易溶蚀风化，形成嶙峋褶皱之状；兼之日照允分、雨水充沛、暴热暴冷，山石易于崩落山谷中，经酸性土壤腐蚀后，呈现嵌空玲珑之态，英石本色为白色，因为风化及富含杂质而出现多色泽，有黑色、青灰、灰黑等色，石表褶皱深密、玲珑宛转。是山石中"皱"表现最为突出的一种，有蔗渣、巢状、大皱、小皱等形状，精巧多姿。石体正面凹凸多变，背面平坦无奇。

华表为中国古代属于古代宫殿、陵墓等大型建筑物前面做装饰用的巨大石柱，相传华表是部落时代的一种图腾标志，古称桓表，以一种望柱的形式出现，富有深厚的中国传统文化内涵，散发出中国传统文化的精神、气质、神韵。华表通常上面雕刻有龙的图案，蟠龙柱上雕刻一只蟠龙盘于柱上，并饰有流云纹，石柱顶上有一承露盘，呈圆形，因此对应天圆地方，上面的蹲兽为传说中的神兽朝天吼，或称为望天犼。

北京天安门前后，各有一对华表，华表的柱身上雕刻着盘龙，柱头上立着瑞兽，它们和天安门前的石狮以及两侧的金水桥一起烘托着这座皇城的威严气势。古朴精美的华表，与巍巍壮丽、金碧辉煌的故宫建筑群浑然一体，使人既感到一种艺术上的和谐，又感到历史的庄重和威严。华表实际上已经与中华民族，和中国古老的文化紧密相连，从某种程度上也可以说是我们民族的一种标志。华表是中华民族的传统建筑物，有着悠久的历史。

孙大师还采用黄金樟木材料给根抱石量身配了一个随形底座，长100厘米，深74厘米，高62厘米。根抱石入座后更显拔大气稳重了。"根抱石·荣耀中华"不愧为一件精美、靓丽和形态俱佳作品。

（图片摄影：吴　勇）

《新民晚报》2020年5月20日第19版

花梨木 · 万象更新

　　这件取名为《万象更新》的根雕作品，是由国家根艺大师孙新取材福建花梨木而玉成。花梨木又名"花榈"，其木纹有若鬼面者，亦类狸斑，又名"花狸"。老者纹卷曲，嫩者纹直。木结花纹圆晕如钱，色彩鲜艳，纹理清晰美丽。

　　作品长105厘米，高85厘米，宽54.5厘米。经过孙大师的精心构思，在一米多长的福建花梨木根上，雕刻出神态各异、大小不同的五头大象，其中，两头大象和三头小象，大象正在伐木、搬运，紧张地忙碌干活；小象则在一旁追逐、玩耍，欢乐一家子，全家五口，周围山峰挺立，椰子树生气勃勃，画面呈现出一派其乐融融、瑞意呈祥的气氛。

　　大象在佛教中有一段神奇的"白象入梦"的传说，佛祖的母亲因梦见白象而孕育了释迦牟尼，印度教中有象头神，传说他是排除障碍之神，是

财神，是命运之神，是学识之神，代表着智慧，象征着吉祥和成功，是最具人气之神。大象是勤劳勇敢，坚定诚恳的象征。在中国"象"与"祥"谐音，意为吉祥如意,同时也和"相"谐音，寓意"出将入相"居家者屋内奉置此吉祥物，可使家庭充满祥和之气，办公室供奉此物可减轻压力、增持业绩和人和财旺，并利于"出将入相"。这件根雕作品取名"万象更新"，喻义好运要开始，一切又是新的面貌。

这件作品不光寓意深远同时用料也是极为讲究，采用上等花梨木树根精雕而成，花梨木的刨光面颜色是通过光合作用氧化而成金黄色，颜色会随时间的延长而更加美丽，同时还散发出诱人的香味，暗香袭来让人沉醉。"万象更新"是一句成语，解释是：万象指宇宙间一切景象；更新喻变更，是指事物或景象改换了样子，出现了一番新气象。其出处为《红楼梦》第七十回："如今正是初春时节，万物更新，正该鼓舞另立起来才好。"止因为"万象更新"的独特含义，故在新春对联中被广泛运用，如：春回大地 万象更新；元旦复始 万象更新；一元复始 万象更新。表明了新春是国人一年中周而复始生存时序的起点，同时表达了人们期待万象更新，憧憬美好生活的虔诚之心。

（图片摄影：吴 勇）

酸枣木·雨打芭蕉

雨打芭蕉是我国古代文学中重要的抒情意象,常常作为艺术家审美观照、创作的主题对象。特别是走进烟雨迷蒙的江南,随处可见三两株芭蕉,其优雅的身姿,吸引了无数艺人的驻足欣赏观望并思绪遐想。由此,引起了他们纷纷吟咏、赋诗、创作。

近期根艺大师孙新利用酸枣木枯料,成功地完成了一件《雨打芭蕉》的作品。酸枣木为落叶灌木或小乔木,生长于海拔1700米以下的旷野,喜温暖干燥的环境,低洼水涝地不宜栽培,对土质要求不严,主产地位于太行山一带。酸枣木颜色漂亮、细腻,呈柠檬黄色,质地坚硬,可以做拐棍、擀面杖、刻刀把、雕件等其他工艺品。

该作品长58厘米,宽54厘米,高187厘米。作者经过细心揣摩,将一件天然造型、形态俱佳的枯板视作为芭蕉叶,由上而下理出一条丝线,底端雕琢了一只逼真的小蜘蛛,画面展现了一只蜘蛛,因下雨受到惊吓,不由地从一张硕大的芭蕉叶面上,下滑掉到茎杆上的生动场景,蜘蛛俗称"喜蛛",从而成功地塑造了一个"雨打芭蕉,喜从天降"的生动美好的意境。

雨打芭蕉是古人偏爱的听雨方式之一,且"芭蕉声里催诗急"(宋陈棣《骤雨呈质夫兄》),是"诗肠之鼓吹",能诱发文人创作冲动,成为寄托情感的载体。具有丰富的文化意蕴和情感意韵。雨打芭蕉作为自然雨景,具有独特的客观特征和审美特质,在中唐之际进入人们的审美视野,成为重要的文学意象。随着历史的发展,雨打芭蕉意象的文化积淀越为深厚,逐渐定格为具有丰厚意蕴的民族文化符号。如韩愈《山石》"升堂坐阶新雨足,芭蕉叶大栀子肥。"空山新雨,空气清新,盛开的栀子花散发着幽香,浓翠硕大的蕉叶在雨中弹奏着优美的乐曲,沁人心脾。蕉窗听雨也是赏心乐事。因此,雨打芭蕉也能让人产生清新愉悦之感,寄托优雅闲

适的情感体验。

　　国家根艺大师孙新巧借一张酷似芭蕉叶的天然枯木，精心雕刻了一只蜘蛛，以此托物喻景、以景寄情，使这件天然成趣的根艺，成为一件巧夺天工、巧借自然的好根艺、好作品。

（图片摄影：吴　勇）

竹根雕·哈哈弥勒

根雕艺术中有句行话："依其形造其神，据其样显其魂"。哈哈弥勒竹根雕就是按照这个道理雕成的。它直径有9.5厘米，高17厘米。作者选择了一根材质饱满缜密，绝无任何痕迹的上等竹材，施以纵逸流畅的刀法，成功地完成了这件作品。弥勒宽额丰颊，肥首硕耳，袒胸露腹，开怀畅笑，双手自然下摆，身披袈裟，利用竹材质肌理表现衣衫的微微自然飘逸等细节，都匠心独具。

陈春荣，大徐镇人，1974年生于浙江象山，1988年进入象山出口工艺美术厂学习竹根雕，1990年后又得表叔张德和先生悉心指点，加上自己的刻苦钻研，使得在竹根雕艺术道路上有了进一步的提高。1998年起客居上海受到嘉定竹刻影响，潜心研究、创作竹刻，使得其艺术造诣更上一层楼，同年在上海创办设立春荣竹刻店铺并成立"春荣竹刻"工作室。现为国家工艺美术师、宁波市工艺美术大师。本作虽为小品，然用心颇深，功力足具。竹根的节瘿、麻点运用得恰到好处，此尤以双眼、嘴部和脸部描述精晰。器形与姿态以及张开的大嘴，无不引得观者的喜爱。几年来，他的作品在全国、浙江省各项展览中多次获得奖项。

陈春荣是国家高级工艺美术师、宁波市工艺美术大师和首届浙江省工艺美术优秀人才，自幼酷爱竹艺，少时即从张赛利与张德和两位老师学习竹刻技艺；寓居上海后潜心研究嘉定竹刻。陈春荣吸取古人竹（根）雕刻精华，融各派竹刻之所长，创造了富有个性化的独特竹刻技法，作品多次在国家级大展大赛中斩获金、银奖。目前，后起之秀不断崛起，其中陈春荣继承发扬留青刻竹传统工艺，精雕细琢，清雅至极，深受中外客商喜爱。该哈哈笑佛含义深刻，笑佛的宽容、大度、可促使自己平心静气，豁达心胸，静观世事起伏，笑看风起云涌,是解脱烦恼的化身。佛亦保平安，寓意有福（佛）相伴。

江南船韵

　　几年前社区组织赴嘉兴旅游景点中,我觅来了这艘充满江南韵味的船模。其实它叫鸬鹚船,意思是养有鸬鹚的渔船。渔家有句俗话:"渔家有三宝、渔船、渔网、鸬鹚鸟"。我国用鸬鹚捕鱼的方式已有千年的历史了。鸬鹚是一种水鸟,体型如鹰,嘴巴长而成弯钩状,有捕鱼的绝技。鸬鹚船体小、船体吃水极浅,捕鱼时鸬鹚站在船头或船傍,只要渔夫手中的竹竿一扬,鸬鹚鸟就一涌而下,在水中很快会叼上活鱼高高举起。因此这种船成为水乡渔民生活常备的捕鱼船。

　　该船模长35厘米,宽10厘米,高0.5厘米。两头尖、船体小,一位老渔翁举目眺望前方,似乎正在洞察湖面的鱼情,船桨搁在船的两侧,一根用于驱赶鸬鹚的竹篙竖躺在船首,几只鱼鹰紧闭着噗啦忽闪的翅膀,静静地站在甲板和竹架上,伺机待命下水的口令。画面是如此的安谧恬静,主角是

永远不变的：鸬鹚、小船、老者。鸬鹚船的外形其实与乌篷船很接近。乌篷船是江南水乡的独特交通工具，因篾篷漆成黑色而得名。两头尖，船头棱形，船身狭长，船底椭削，以杉木板制成，长约5米余，宽一米左右，船上只可容纳一个人，载重400余斤。800年前的陆游老先生说它是"轻舟八尺，低篷三扇"，乌篷船船身狭小，船底铺以木板，船板上铺以草席，或坐或卧，可以随便，因船篷低不能直立。江南的水乡，自然是船的世界，乌篷船是水乡的精灵，更是水乡的风景。旧时一些文人在船上或舞文弄墨，或行令猜拳，眼福、口福为之一饱，建造大乌篷船为官宦、富商作客、游览、扫墓、迎亲、看戏所用，现在早已绝迹。如今，绍兴能看到的乌篷船，只有那种载客的乌篷脚划小船了，纷至沓来的中外游客，为了饱览水乡景色，独雇一舟，拨开乌篷，可坐可卧，耳听潺潺流水和"嘎吱嘎吱"的蹋桨声，眼观两岸的山水、田园风光，真有"山阴道上行，如在镜中游"之感。不管是随波荡漾于河湖之上，还是伊哑穿行于桥巷之间，都能感到兴味无穷。在江南，不论是小巷深深、粉墙黛瓦，还是烟柳画桥、满楼红袖，无论是春雨缠绵，还是阳光明媚，让你都能沾染到一点江南的风雅和惆怅同时还能找到一段属于自己的温馨时光。

这是嘉兴市鸣华船模制作有限公司韩鸣华开发的"江南船韵"系例产品中的一款，此外还有运河船、水乡船、乌篷船、南湖红船等产品。韩鸣华瞄准青少年手工拼装船模亲子体验商机，认为"不仅可以开发智力、培养兴趣，还能寓教于乐，传承红船文化。"鸬鹚船模逼真、精致，深受青少年欢迎，更让曾经见过或者有过经历的中老年人，回味目睹当年精彩壮观的鸬鹚捕鱼生动场景。

（图片摄影：张静庵）
《新民晚报》2019年6月11日 第23版

伴泥同行

猪年赏陶猪

　　中国的传统文化博大精深，五行说是中国自古以来的一种哲学思想，以日常生活的金、木、水、火、土五种元素，作为构成宇宙万物及各种自然现象变化的基础。它源于古代人民对星辰的自然崇拜，按照中国传统风俗2019年农历的天干地支为己亥年，己为土，亥为猪，所以民间亦称农历己亥年生肖为土猪年。说到土猪，就离不开说陶，陶是火与土的艺术。中国也是陶的故乡，传承了几千年的陶文化历史，给人类的文明作出了巨大贡献。多个前，喜欢收藏的我，在路过原吕平路86号"葛人陶紫砂工作室"收下了这件小陶猪。

　　该陶艺，长17.5厘米，宽11厘米，高11.5厘米。小陶猪模样煞是可爱。它是中国工艺美术大师葛军领衔设计创作的。这位"头发长在下巴上"的外表，流露出不一般艺术家的智慧和气质，有着独特的创作风格，特意设计安排小猪完成一个"拿大顶"动作。小猪脑袋又大又圆，脸带微笑，一双小眼睛眯成了一条缝，一个大鼻子向上翘着，露出了两个圆溜溜的大鼻孔，两只大耳朵活像两把扇子，一双小猪手撑着地，上面卷着一只小尾巴，还挺着两只小猪腿，一个完美、漂亮的拿大顶技巧动作。内行人知道这个动作难度系数较大，需要具备健康的体魄。葛军以其独有的思路，将活泼可爱的小猪撒欢模样表现得淋漓尽致，让人叹为观止。猪有"乌金"之名，父系氏族公社时期，猪是财富标志，临夏大何庄的墓葬有三十六块猪骨陪葬。豕是士庶以下平民的祭品，以豕为之，陈豕于室，合家而祀，即"家"字。猪的肥头大耳是福气象征。老子姓李名耳字聃。《说文》云"聃，耳曼也"，段玉裁注"耳曼者，耳如引之而大也"。乐府《长歌》："仙人骑白鹿，发短耳何长。"《三国演义》中刘备"两耳垂肩，双手过膝"。《西游记》的猪八戒"原是天蓬水神"，"敕封元帅管天河，总督水兵称宪节"，天蓬本是道教紫微北极大帝的四将之一，充分体现对猪崇拜和云雨之神的关系。

　　"旺犬献丁辞旧岁，金猪进亥迎新春"猪象征着富贵，带给我们财运、猪象征着吉利，带给我们好运、猪象征着欢乐，带给我们喜悦。二十多年来，葛军潜心于紫砂的科研、开发、设计，独创了"色饰法"装饰技法，使紫砂器具有了云霞般流动的斑斓五彩并实现了由传统走向现代的突破。他的多件作品被国家有关单位定为国际交往礼品，被故宫博物院、中国人民革命军事博物馆、中国美术馆、中国文化部、等单位及诸多名人收藏。2018年第七届中国工艺美术大师大会上传来喜讯，宜兴紫砂名家葛军获评本届中国工艺美术大师称号。此前，葛军于2011年获得中国陶瓷设计艺术大师称号、2016年分别获得第一届中国工美行业艺术大师称号和第三届中国陶瓷艺术大师称号。至此，葛军成为国内紫砂界获得四个国家级大师荣誉称号第一人。

（图片摄影：张静庵）

《新民晚报》2019年1月22日第19版

薄胎五龙瓶

多年前，景德镇好友赠我一件薄胎粉彩五龙瓶。薄胎瓷亦称"脱胎瓷"、"蛋壳瓷"。是久负盛名的江西景德镇传统名瓷之一。其特点是胎薄如蛋壳、透光、胎质用纯釉制成。五龙是古中国神话传承的五行思想体现的五条龙，即青龙、赤龙、黄龙、白龙、黑龙。也指远古时代神话传说的五大部落首领。分别为皇伯、皇仲、皇叔、皇季、皇少。也指道教五行神。

该瓶尽显大气漂亮，满工黄地粉彩五龙，底篆书款"乾隆年制"，至少应属70、80年代的老瓶子，超薄，手感好，薄胎工艺制作相当有功，壁厚0.1厘米，高26厘米，重108克。火珠，如意云，龙头前的火珠占了画面很大一部分，把龙与火珠奋力嬉戏的情景形象逼真地表现出来了。全品相，表面有微微开片，画师画工老道，技艺精湛。底足为内斜削式足；底款为双方框篆体双排"乾隆年制"红料款。薄胎瓷是历代瓷匠追求的最高制瓷境界。因制作难度大、成本高、出品率低，但档次最高，同时也是目前认知率最低、学术研究最薄弱的一个瓷种。薄胎五龙瓶色彩鲜艳、瑰丽、晶莹、玉润，玻璃质感强，施用堆料款（康熙年代独有）珐琅釉，富有立体感，用手指可以摸到犹如油画凸起的感觉，在彩釉较厚的地方，出现有细小的冰裂纹开片。（这些特点都是鉴定清三代珐琅彩的主要依据）制作从配料、拉坯、利坯（修坯）、上釉到绘画、烧制，须经四十多道工序。

粉彩薄胎瓷五龙瓶，全部采用手工制作，分三次烧成。尤以利坯和艺术加工最为精细。利坯要经过粗修、细修、精修等反复百次的修琢。因此难怪被人称之为：薄似蝉翼，亮如玻璃，轻若浮云。它轻巧、秀丽，做工精致，透光性好，整件花瓶给人以高贵华丽，富贵吉祥的感觉，不愧是一件难得的珍品。

（图片摄影：王 路）

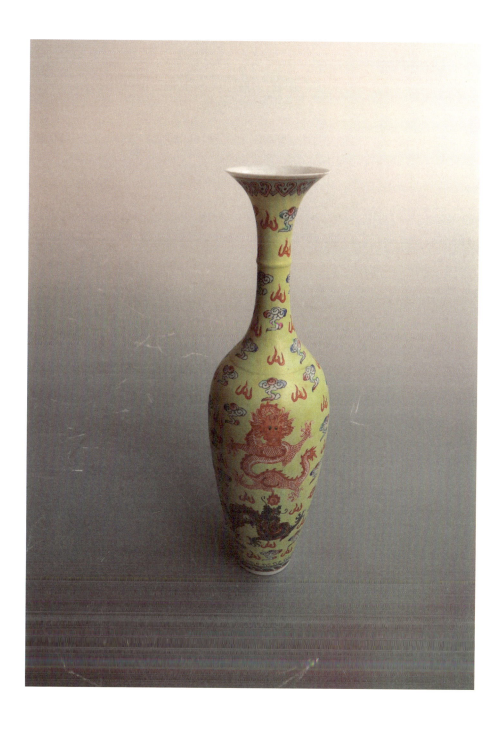

粉彩天球瓶

粉彩天球瓶，瓶直口微撇，直颈，球圆腹，卧足。口径3厘米，底径4.5厘米，高14厘米，胸径9厘米。胎骨纯净致密，厚薄均匀，细腻坚实。釉面光泽莹润。高超成熟的仿清代瓷器绘画工艺，将松鹤牡丹图完美写意的呈现，构图层次分明，协调饱满，整体器形规整大气，富丽堂皇不愧为精品之作。

天球瓶造型始于明永乐时期，雍正、乾隆时再度盛行，是雍正、乾隆官窑的标准器物。长颈天球瓶整体器型优美，纹饰主题为仙鹤、青松、牡丹。松是百木之长，长青不朽，牡丹乃国色天香，雍容华贵，鹤为长寿之鸟，而绘六鹤，亦称"乾坤六合"。"六合"泛指天地四方。明代嘉万年间以六鹤谐音六合，六合同春象征天下太平，如春天一样繁荣昌盛。画幅白鹤绘唳天、琢苔、惊露、梳羽、回盼、翔翼六种姿态。民间多用于祝贺出生的礼器及夫妻的寝室陈设。画幅六鹤居中，衬以翠柏青松、牡丹桃李。以明代青花、五彩、清代粉彩装饰多见，诗题："鹤舞松下延寿筹，噪鸣花间有新春"寓意平安祥顺，万寿无疆。粉彩瓷是珐琅彩之外，清宫廷又一创烧的彩瓷。在烧好的胎釉上施含砷物的粉底，涂上颜料后用笔洗开，由于砷的乳蚀作用颜色产生粉化效果。粉彩的描绘，着色技法是比较复杂细致的，一般如画、彩、填、洗、扒、吹、点等技法。其所用工具有画笔、填笔、洗笔、彩笔、笃笔、赤金笔、金水笔、玛瑙笔、扒笔等许多特制笔。

粉彩天球瓶从乾隆开始，粉彩在彩瓷的领域中几乎完全取代了五彩的地位。为乾隆官窑最具代表性工艺和器型。瓷器的华贵不光是由于瓷器本身，其独特的特性，天球造型的瓷器，在我国深受喜爱，这是因为久远的历史原因形成的。

（图片摄影：王 路）

日本金鱼瓷偶

　　多年前，我在梅陇镇广场购得了这对漂亮的金鱼瓷偶，它是日本NORITAKE红白渐变经典金鱼瓷偶。人类文明历史上，金鱼已经陪伴人类生活了十几个世纪了，而作为世界观赏鱼史上最早的品种，金鱼因为易于饲养，并且身姿飘逸，色彩绚丽，受到了众人的喜爱。

　　两条金鱼，大的长20公分，宽13.5公分，高12公分，小的长14.5公分，宽10公分，高9公分。它们是四叶尾文种金鱼。在一代代金鱼养殖者的努力下，中国金鱼至今仍向世人演绎着动静之间美的传奇。金鱼在我国民间还有另外一种说法：到过年的时候家里买上两条金鱼供着，可以在来年金玉满堂、年年有余。随着鱼类的发展，金鱼是不可缺少的一种。金鱼的故乡是在浙江的嘉兴和杭州两地。根据日本学者松井佳一（1934）的研究，中

国金鱼传至日本的最早记录是1502年。日本琉金，琉金这个品种，是我们最早在国内盛行起来的日本金鱼。其原是中国的文鱼流传到日本，经过改良后形成的一个分支。主要的改变就是由文鱼的瘦弱，变的肥硕，出现了背峰，其他的便没有太多质的不同，尖头大肚高身长尾。而目前国内市场上的短尾琉金则是国内引入这种长尾琉金后又加以改良形成了短尾琉金。这个品种大的个体在国内有些渔场现在可以养到1公斤左右，成为了名副其实的超级金鱼。

株式会社旗下顶级瓷器品牌拥有百年历史，现在仍作为收藏逸品受到广大古董爱好者们的喜爱，1950年左右出品的NORITAKE日本红金鱼，全品相，其红色曾是日本SONY公司校验红色的唯一标准，稀缺带原盒。这对楚楚动人的金鱼是被我和家人在梅陇镇六楼商场闲逛时迷上、看中而觅得的。

（图片摄影：吴 勇）

瓷艺·元宝鸡

　　多年前在梅陇镇广场六楼瓷器柜收下了这对元宝鸡，它是著名的日本NORITAKE品牌瓷偶。产品典雅精致，质地细腻，栩栩如生，人见人爱。元宝鸡产于中国，以其形象元宝而得名。

　　这对可爱的元宝鸡，公鸡长20公分，宽9.5公分，高29公分，母鸡长15公分，宽9公分，高12.6公分。公鸡一身靓丽雪白的羽毛，大红冠子像一团火；母鸡也身披一席洁白无暇的外套，翘着一只小小的尾巴。元宝鸡腿短身矮，小腿约6厘米左右，五趾。其体型一般不大，公鸡体重仅为0.8千克左右，母鸡体重约0.5千克左右。通体羽毛白色，大从冠，冠齿从声如火焰，红耳如红宝石，光彩照人，秀美无比，体型相对娇小，生性活泼，模样煞似可爱，惹人喜欢，可在掌中把玩，供人们观赏，深受世人钟爱。

民间记载，相传唐开元年始经济繁荣，朝廷告示在全国范围挑选吉祥物图索，最终在民间江苏淮安选出一对头尾相连的丝光鸡呈给皇宫。玄宗皇帝及杨贵妃大喜并定之为国宝。并下旨以鸡型铸成开元通宝。当时把开元通宝字样铸成了"开通元宝"因此元宝鸡就由金银货币而得此名。元宝鸡的祖辈在秦汉以前称七彩鸡。唐代以前又称为丝光鸡，体型逐步开始退化变小，并深得人们宠爱，当时流传民谣曰："元宝鸡，两头翘，耳边鸣，不觉闹。"当时已基本形成元宝形状，故元宝鸡是从唐开元年间开始得名的。

在中华传统文化中，"鸡文化"内涵丰富多彩，占有重要地位。鸡在古人心目中的形象并不比凤凰差。被称为"德禽"，西汉韩婴《韩诗外传》如是说："君独不见夫鸡乎！首戴冠者，文也，足搏距者，武也，敌在前敢斗者，勇也，得食相告，仁也，守夜不失时，信也。""文"、"武"、"勇"、"仁"、"信"，这些鸡的优秀品质可都是凤凰所没有的。又因鸡谐音"吉"，在很多地方的婚礼上都会有"抱鸡"的习俗，象征着吉祥如意。作为宠物鸡中的佼佼者，元宝鸡有着娇小的体形，活泼可爱的外观，深得人们喜欢。日本NORITAKE品牌瓷偶完美生动地表现了元宝鸡，其工艺精湛、釉面色彩鲜明、形象逼真，深得大众喜爱，并且受到历任日本天皇的亲睐。

德化瓷艺·浦江女神

　　德化与景德镇、醴陵并称为中国"三大瓷都"。柯宏荣、陈桂玉夫妇是德化瓷坛上一对知名"神雕侠侣"。瓷雕作品创作屡获殊荣。《浦江女神》是他俩多年前继《玉兰仙子》作品之后，又一件颂扬浦东改革开放的优秀作品。

　　这件作品高41公分，长19公分，宽13公分。东方明珠是浦东开发开放后第一个重点工程，浦东是上海现代化建设的缩影，也是中国改革开放的象征。作品中少女昂头一手欣慰地抚摸着秀发，一手高高举托着一颗明珠，寓示象征的东方明珠。该雕塑最难之处就是女神上扬的这只手处于架空状态，创作难度较大，举的高度要掌握好，女神的优美体态才能表现出来。在高温烧制时瓷易变形,如同麦芽糖一样柔软，不易把握塑像平衡度，为此他们实验了无数次，不断调整塑件高度，烧了几十件，成功的只有几件。

　　柯宏荣和陈桂玉从十几岁就开始学陶瓷制作，在数十年的制瓷生涯中，他们逐渐掌握了捏塑、手工跳刀、手拉胚等传统技艺，先后开发了工艺瓷、柏纹瓷、纹片瓷等新品种。并撰写了不少陶瓷论文，先后发表了《浅谈陶瓷创作如何应用材质表现手法》、《德化窑与中国白瓷》、《德化陶瓷技艺浅谈》等多篇论文。他们多次参加国内各大城市展览，并先后应国外公司等的邀请，于新加坡、日本等国家举办个人美术作品展。有的作品被中国工艺美术馆、珍宝馆、中国历史博物馆和国内外知名人士收藏。他们的作品在国家级比赛中屡屡获奖。作品《凤凰文房四宝》、《将进酒》、《云中子进剑》获福建省青工作品评比一、二等奖，并获全国青工创新优秀奖。作品《郑板桥》获福建省优秀创作奖。作品《乞仙化缘》、《帆瓶》获中国德化国际陶瓷节大奖赛特等奖、三等奖。作品《二娇》、《沧海一声》、《苏东坡·钱江观潮》获第六届全国陶瓷艺术创新设计二、三等奖。作品《老子》获福建省工艺美术《争艳杯》金奖。作品《三月三》、《九歌·山鬼》被中国工艺美术珍宝馆收藏。作品《长相

依》、《苏武牧羊》被中国历史博物馆收藏。

　　"挈肩携手相扶，传承美丽瓷话"。著名收藏家马未都说："德化白瓷与众不同，先是透光性极好，为群瓷之冠，其次可塑性极强，无一不能塑造。见过明朝德化观音的人无不为之惊呼。以陶瓷之脆性，表现衣褶之柔软；以陶瓷之生冷，表现肌肤之温润。竟栩栩如生，恰到好处。德化白瓷堪称一绝，前后无人能与之比肩。"《浦江女神》就是继承了德化传统瓷艺而创作的一件优秀作品，不愧是一款歌颂、赞美上海浦东改革开放的好作品。

（图片摄影：张静庵）
《新民晚报》2019年8月7日第19版

卡通生肖壶创作达人

廿年前，彭佑成工作单位调整歇业后，他提前回到了家。喜欢玩弄泥巴、痴迷程度达到发烧级的彭佑成竟然索性改行成为"全脱产玩陶人"，从此开启了他一种全新的生活方式。

"人的天才只是火花，要想使它成为熊熊火焰，那就只有学习！学习！（高尔基）"任何事情的成功不可能一蹴而就的，而是需要努力学习的。彭佑成原是搞无线电零件出身的，工作与陶瓷艺术毫不相干，业余时间唯一爱好就是喜欢同泥巴打交道，搞些陶艺创作。他凭借生活中积累的灵感，运用夸张、变形、比喻、象征等手法，创作了一些简易的动物、人物造型小雕塑。起初搞些实体的陶艺小品，例如小狗、小猫、老鼠等，后来增加些难度，将陶体镂空，把里面多余泥巴剔除，制成烟缸、牙签筒等，接着搞些造型更复杂一点的创意，做了人脸形状的茶杯、马造型的茶壶……他的家里到处堆放着各种各样的石膏模具和半成品。但是陶瓷艺术历史源远流长，毕竟是一门博大精深的高雅艺术。它绝不是和泥、揉泥和捏泥的简单操作过程，更不是无师自通就能掌握的一门技能，它必须具备一定的专业基础知识。为了弥补这门课程，彭佑成不遗余力地到处打听拜师学艺，一方面跑遍上海寻找陶艺相关专业部门，甚至自费掏钱买了火车票，跑到五百多公里外的景德镇去拜师学艺；另一方面，为了开拓视野提高自己的创意能力，他还专门抽空去福州路外文书店，翻阅了大量的外国雕塑家的书籍，这些精彩的资料，给他增添了无穷的艺术灵感，他说这些未曾谋面的艺术家都是他最好的老师并对他的创作起到了潜移默化的作用。"功夫不负有心人"，通过学习，他的陶艺技能就象如鱼得水一样取得了长足的进步。实践使他还认识到"艺术源于生活，却高于生活，更要服务于生活"由此他努力将"用"与"美"两者结合在一起，开始了青白瓷十二生肖造型壶的创作历程，前后过程反反复复，经历了上百次的试验

和修改，而每一种壶的成形必须经过初稿、制坯、修坯、上釉和烧制五道工序，可想而知十二种生肖壶的创作和修改的工作量之艰巨，他为此倾注了大量心血。他的事迹和展览引起了上海工艺美术学会领导的高度重视，勉励他继续努力，进而他给自己作品提出了六个方面的改进要求：1. 壶的容水量要大；2.壶手要便于把捏；3.壶盖提取要顺手；4. 壶口和嘴口水准要一致；5.壶体造型要由动物躯体表达；6. 各壶整体风格要一致。在有关专家的有效指导帮助下，彭佑成终于完成了青白瓷卡通生肖壶作品的创作任务。

　　"一分耕耘，一分收获"，"生肖卡通壶"的成功创作，证明了彭佑成用最简单的青白瓷，努力在三维空间造型以及将艺术与实用两者相结合方面有所突破。二十多年来他在陶艺园地辛勤耕耘、积极创作。每件作品都渗透了他的一种执着、一种淡定、一种虔诚。这些作品未必是最好的，但却符合了当下追求简单美满生活的质朴需求，同时还散发出一位老人对艺术孜孜以求的精神。空闲下来钟情于自己爱好，做些自己喜欢的事，用陶艺来诠释退休后的快乐人生，找到自己的"真爱"，从而真正成为一个名符其实的快乐玩陶达人。

（图片摄影·陈晓倩）
《新民晚报》2019年3月13日第20版

微雕·群猴

　　一轮明月当空照,一群猴正在假山上玩耍。猴群里，猴王是至高无上、享有各种特权,它端坐在山顶，两只母猴搔首弄姿以博取猴王的恩宠；成年的猴子,有的登高仰首观赏明月，有的互相讨好捉跳蚤；小猴子为争夺食物，彼此追逐打闹吱吱乱叫；更有一群好奇心强的猴围着一口井，玩起"捞月"的游戏：一只小猴率先爬到山崖边，另一只大猴子紧拽着它的腿，小猴头朝下双手深向井中。惊动了其它猴子、大家围井观望。小猴子企图拼命想把月亮抓起，可是除了抓了几滴水珠外，怎么也抓不起月亮。大猴猛一抬头，突然发现月亮依然挂在天上，于是大声疾呼，"不用捞了，不用捞了，月亮还在天上呢！"。

　　众所周知，猴子是一种群居动物，其性格是好动爱玩，很少有安静的时候，自古被视为聪明伶俐的形象。诗仙李白的《秋浦歌》写到："秋浦多白猿，超腾若飞雪。牵引条上儿，饮弄水中月。"起笔交待秋浦猴之多，引出白猴奔腾如飞雪，言动作之迅速，接着写白猴在枝条上下攀绕，动作敏捷，栩栩如生，呼之欲出。末句写猴在月夜水边饮水弄月玩耍的情景，真乃辞约义丰，惟妙惟肖将猴的神态表现出来，同时将诗人对猴喜欢的心态表达出来。因此，成了我创作"石湾微雕'群猴'"的主题。

　　首先，要营造一个适合猴子的生态环境，我觅到一方大小相称、形体漂亮的砂积石。砂积石是泥沙与碳酸钙凝聚而成的，多呈土黄、灰褐及棕红等颜色。其产地较广，主要有安徽、浙江、广西等地。石体丰富，布满丝纹筋脉，色艳纹美；形态奇特，曲折多姿，尽显瘦、皱、透、漏特征。成了理想的猴山配件；其次，找到一块大小、色彩与假山相衬托的黄金樟板料作底板；另外，请人专门雕了一口水井；最后主角的挑选，我特意赴石湾寻觅微雕。当地人称之谓"迷雕"，无论走进那家公仔店（陶艺），你只要说迷雕，他就知道你所要的货了。那天下午我特意走进石湾著名迷

雕艺人黎五妹的家中，只见形态各异、造型别致的猴子，让我看得眼花缭乱，但价格不菲，只有一厘米大小左右，每只要12元（现在市场上见不到她的作品，即使有也要上百元了），成套是100只，全是手工制作，我当下"捉"了50只猴子。

黎五妹，生于1938年，是当地唯一最年长的精于微塑创作的老艺人。她9岁开始在家从母学艺，受微雕陶瓷工艺师廖坚及王兰师傅悉心指点，能手工捏出细小精致的造型。内容主要以古人的生活和神话人物为主。作为石湾微雕艺术的代表人之一，她的作品深受收藏家的青睐。因微塑作品太小，不可能制作模具，所以每件作品都靠手工捏制。黎五妹微雕是石湾陶艺濒临失传的技法之一。据石湾陶瓷博物馆负责人介绍，她是目前石湾唯一精于微塑创作的老前辈，也是目前将微塑能做到最小的陶艺家。

微雕"群猴"总算如意完工，它成了我收藏生涯中一件比较宝贵和难得称心的藏品。

（图片摄影:王 路）

《新民晚报》2019年12月17日第19版

仿生瓷·南瓜

金秋上海展览中心举办的"时尚家居生活展"上，景德镇高温色釉陶研所长周林平先生，此番首次带来了高温色釉花鸟题材仿生瓷，所见陶艺作品设色华丽、画面生动、意趣横生，吸引了不少观众踌躇观望，流连忘返。仿生瓷，清代朱琰《陶说》以仿拟物体的外表体征，或是其材质或肤理为准，以惟妙惟肖、以假乱真，为最高目标的瓷制品，被称为仿生瓷，也叫象生瓷。

这件仿生瓷倭瓜，直径11.5厘米，高12厘米。造型相当逼真，釉色黄绿与实物无二致，瓜顶一侧饰一只青蛙，瓜蒂上爬着一只顽皮的小瓢虫。整件作品线条遒劲、简略概括、设色华丽，贴近生活，谐趣生动，仿生效果逼真。作品取材自然、贴近自然，以细腻、独特的视角思维去探索、发现自然生命中的灵性与意蕴，准确、完美地表达了作品的主题。

周林平，抚州人。16岁来景德镇，"我初来景德镇时是在表姐夫的厂里学做拉坯，其后进入景德镇。陶瓷学院进修。我在一个偶然的机会看到一位老艺人做雕塑，看到一堆泥在他手上变幻出各种造型生动的小动物，一下子就被他吸引并点燃了我艺术创作的激情。"周林平如是说来，回忆起当初创作过程时的艰苦历程，至今都唏嘘不已。"我最初创作高温颜色釉圆雕青蛙时，因为对工艺的把握不到位，每次去烧窑的时候都烧爆，不仅毁坏了自己的作品还把窑炉内其他艺术家的作品也弄坏了，以致没有一位窑老板愿意帮我烧。"一次次被否定，一次次被拒绝，但困难并没有吓退周林平。那时父母不支持，父亲叫他回家，倔强的他在樊家井附近租了一间月租200元的房子，一头扎进研究高温颜色釉的工作中。经过反复实验，求教各方人士，最终获得成功。他首创的高温颜色釉青蛙，采用圆雕工艺，通过自然天成的窑变肌理赋予灵动的青蛙自然的色调，作品一经问世即轰动市场。他也被人戏称为"青蛙王子。"周林平说："做什么事都

要敢想，用心去做，一定会成功！"

　　我国仿生瓷起源于东晋时期，东南沿海的江、浙、闽，长江中下游的川、鄂、湘、赣都相继设立瓷窑，著名的越窑、固驿窑、青羊宫窑、德清窑、洪州窑、瓯窑等先后出现，最先生产了以鸡首壶为典型代表的仿生瓷器。周林平刻苦钻研高温颜色釉的陶瓷工艺，在重视发掘传统古彩陶艺基础上，进行色彩的搭配与改进，从精巧的构图和画面装饰到清新的色彩铺陈，使传统陶艺焕发出清雅致润、抒情婉约兼具现代的古典美感，使作品达到极高的艺术欣赏与美学效果，成功地创出了一条具有个人风格、特色和自主品牌的陶瓷艺术创作之路。

（图片摄影：王　路）

《新民晚报》2019年11月20日 第19版

周林平·三不蛙

　　素有景德镇"青蛙王子"美誉的周林平。抚州人，16岁孤身来到景德镇闯荡，从最初拜师学艺当学徒，到如今已拥有六座窑、30多名工人规模不小的作坊，他经历了一段难以言说的艰辛创业之路。那时父母并不支持，父亲叫他回家，倔强的他在樊家井附近租了一间月租200元的房子，醉心于"泥、釉、火"艺韵探索、一头扎进高温颜色釉的研制工作中去。经过无数次反复实验，认真求教各方人士，最终获得成功。他首创的高温颜色釉青蛙，采用圆雕工艺，造型逼真，骨感强、富有灵动感，通过自然天成的窑变肌理，赋予了青蛙神工鬼斧的自然色调，作品一经问世即轰动市场，他当之无愧被人戏称为"青蛙王子。"

　　"三不蛙"的创作，来自于"三不猴"的灵感，周林平想青蛙天生形象可爱，而且有手有脚，同样也是四肢动物，它的同类连"天鹅肉都想尝"，因此完成猴子的三个动作应该不是什么问题。于是便塑造了三只青蛙呈半蹲姿势，第一只用手蒙着眼睛，第二只用手捂住耳朵，第三只用手捂着嘴巴，各自摆出萌态可掬的姿态，淋漓尽致的表达了一副谨慎善为、与世无争的模样。它们分别表示的是，不看不说不听，引以为经典的修身处世之道。古人云："半部《论语》治天下"。而《论语》这部汉族也为少数民族所向往和尊重。即取自孔子的那句话："非礼勿视、非礼勿听、非礼勿言。"（《论语》所载）也就是不当看的不看，不当听的不听，不当说的不说。

　　在家中摆置一尊三不蛙的雕像，供奉者想提醒和告诫自己：无论是在工作中还是与人打交道时都要小心翼翼，谨守这三只蛙所代表的"三不"之道，即不该看的不看，不该听的不听，不该说的不说，从而免招是非，免惹事端，而能四平八稳，平步青云；还有一种说法是来自道家《老子》虚寂玄妙的希夷境界：称之"视之不见名曰夷，听之不闻名曰希，搏之

不得名曰微"此三者，不可致诘，故混而为一。这是道家所指的一种修身炼形、忘它唯我的境界，用以减少是非之心，独善其身，突出了道家"清静善身、无为治世"的主旨思想。故有："无色曰夷，无声曰希，未搏(无言)曰微"清净虚无、惟我是尊的"独善"之境界。

(图片摄影：王 路)

《新民晚报》2020年3月11日第20版

童子水盂

　　文房还有"第五宝"，就是水盂。此物因小巧而雅致，最能体现文人雅士的审美情趣，故在文玩类的工艺品中，属于品位较高的藏品,并在收藏圈里称作文玩。不但受到广大收藏爱好者的青睐，而且投资价值在文房收藏中亦属上品。

　　该水盂直径为5厘米，高5.5厘米。上面饰有两个侧卧而倚、相对而视，动感极强的古代童子，形象地表达了水盂对文房的不离不弃。一位藏家曾戏言·砚为石，石可炼金银，故砚为"金"；纸以草木为原料，可属"木"；墨乃松烟熏制，属于火；笔之毫米自羊兔鼠狼，此畜皆以土安身，故属"土"。"四宝"唯缺水，若以盂为水，岂不金木水火土五行俱全？其所谓的"五行"论，讲得确有　番道理。水盂主要用于给砚池添水或存墨汁，多指敞口器具。宋赵希鹄《洞天清录》中载："晨起，则磨墨汁盈砚池，以供一日用，墨尽复磨，故有水盂。"其制作有青铜、鎏金、琥珀、檀木、玉石、玻璃、陶瓷以及上好的石质砚材等。水盂作为文房用具，是随着笔墨的广泛使用而发展起来的。开始的形制只不过是小型的三系、四系陶罐，汉魏时由罐向盂演变，东晋时期的盂明显地形成自己的特色，出现了蛙形盂、兔形盂、蒜头盂、瓜棱盂、圆盂、方盂、扁盂、深腹盂等。唐宋时代，水盂的使用已十分普遍。但唐以前的材质以青瓷居多，其后又有唐三彩及宋哥窑、汝窑等瓷，辽代黑白釉以及元明的青花、五彩等。水盂除实用意义外，更多的是带有观赏陈设。它供置于书斋的案儿之上，与砚田相伴，与文人相对。因此，它必须符合主人的情趣，方可入选，包括其材质、工艺、造型、纹饰、画意等等，否则就难以置身其列了。另外，从养生之道来说，水盂可息心养性，"一洗人间氛垢矣，清心乐志"。从心理学角度来看，水盂可助文思，"几案之珍，得以赏心而悦目"。再往深层究，也有一些是被用来做精神寄托的，有称其为丞兄或丞

友的。

　　古人云："笔砚精良，人生一乐。"因此，水盂等文玩不仅成了文人雅士追求悠闲优雅生活的一种表征，而且更是一个包罗万象，内涵丰富的收藏天地，同时也是投资收藏的长生不衰的一大亮点。

《新民晚报》2020年3月24日第21版

酒中三泰斗

　　"酒中三泰斗"系石湾陶艺摆件。该作品长13.5厘米，高16.5厘米，直径12厘米。三位古人围着酒缸，身影不离，嗜酒如命。这是中国古代传说的酒中有三人"泰斗"级人物，言人人殊，众口纷纭，并分别赐于雅号，美其名曰为"酒神"、"酒圣"和"酒仙"。

　　酒神当属杜康，据说是他最早发现了稻谷发酵的现象，从而发明了一整套的酿酒技术。东汉许慎的《说文解字》说："古者少康初作箕帚、秫酒。少康，杜康也。"杜康当过司厨之官庖正，发明了秫酒(用粮食造酒)。然而让他如此出名的，还应该归功于曹操的一首词总歌行："对酒当歌，人生几何？譬如朝露，去日苦多。慨当以慷，忧思难忘。何以解忧，唯有杜康。"杜康为中国史传的"酿酒始祖"，酒在民间逐渐普及开来，杜康也被人们尊称为"酒神"。

　　酒圣理属杜甫，据郭沫若先生统计，在杜甫现存的一千四百多首诗中，谈到酒的有三百多首。杜甫十四五岁时，就是一位酒豪了，这在他写的《壮游》一诗中，有充分的证明：往昔十四五，出游翰墨场。性豪业嗜酒，嫉恶怀刚肠。饮酣视八极，俗物多茫茫。前两句是说，十四五岁时，就和文人、官场打交道了。中间两句是说，性格豪爽，喜欢喝酒；而且刚正不阿，嫉恶如仇。后两句是说，喝醉了酒，俯视四面八方，全是平庸之辈。这不是充分说明杜甫在青少年时期就是一名酒豪了吗？杜甫嗜酒的习性，从少年老年、甚至临终，都没有改变。

　　酒仙该属李白，正如他与诗，从未分开过。酒似乎是他的生命，是他感情的物质载体，被他融入诗中，成了他诗歌的灵魂。李白生性重情义、好交友，他对朋友的深情厚谊，也往往寄托在酒上。酒和李白是相生相伴的，酒是李白的情，酒是李白的性，酒是李白的命。然而，酒也有对诗人无助的时候。"抽刀断水水更流，举杯销愁愁更愁。"人是性灵，酒是外

物，酒的灵性是诗人赋予的，酒对诗人又怎么会是无所不能的呢！从中我们可以看出，"诗仙"和"酒仙"是相辅相成的，李白光彩照人的魅力也正在于此。世间自有酒以来，好酒爱酒之人何止万千，但又有谁像李白爱酒这么深，这么真，这么难以割舍？李白就是为诗而生，为酒而生。酒，关照了李白；李白，赋予了酒丰富而美好的内涵。

当今，"酒中三泰斗"似乎并无什么定论,这种封号都来源于民间，酒已然成为人们日常生活、聚会应酬不可或缺的一种饮品。中国是酒的故乡，酒和酒文化一直占据着重要地位。我国的酒和酒文化的历史是十分悠久的，可以说它基本是伴随着中国上下五千多年的历史一起发展起来的。酒文化包括酒的制法、品法、作用、历史等酒文化现象。既有酒自身的物质特征，也有品酒所形成的精神内涵，是制酒饮酒活动过程中形成的特定文化形态。酒文化在中国源远流长，不少文人学士写下了品评赏鉴关酒佳酿的著述，留下了斗酒、写诗、作画、对句、宴会、饮行等酒神生活。酒作为一种特殊的文化载体，在人类交往中占有独特的地位。酒文化已经渗透到人类社会生活中的各个领域，都有着巨大影响和作用。

喜姆瓷偶·伙伴

　　这款"瓷偶·伙伴"，真是著名的德国高宝（Goebel）喜姆娃娃瓷偶，作品虽小，但相当精致，高8厘米、6厘米、宽4厘米。男童背着书包要上学去了，小狗赶紧跑来扑向小主人，表示非常眷留的意思。

　　德国高宝（Goebel)陶瓷总厂于1871年成立，位于北巴伐力亚拥有九百五十多年历史的Coburg镇的附近。喜姆娃娃的最初创作者叫Berta Hummel，她在1909年5月21日出生在德国巴伐利亚州的一个叫Massing的地方，她对艺术的热爱和天分被她的父母充分的培养。小学期间就展示了一些成为艺术家所需的丰富的想象力，制作了些用来家庭聚会、生日派对，圣诞节用的一些卡片和常见的花鸟，动物和朋友。把喜姆修女的画作变成三维瓷偶的是大名鼎鼎的德国高宝瓷厂Goebel。1933年底起注意到希姆修女的作品，于来年在莱比锡博览会上46种喜姆娃娃问世了。首次亮相，引起巨大轰动，正值二战期间，生产出来的喜姆娃娃在美国部队官兵中广受欢迎，很多人将他带回美国作为纪念品和礼物，让喜姆娃娃在美国和世界各地受到越来越多人的喜爱，高宝瓷厂的雕塑大师和工匠们已完成600多件款式作品并且制作成瓷偶问世。一樽喜姆瓷偶，从平面稿变成一个立体瓷偶，需要数年的时间。每樽瓷偶皆是人工手绘，有时甚至要花十一整天，才能完成一个喜姆瓷偶的着色。画师给瓷偶着色完毕，便在瓷偶的底座签名，并加注一个 Goebel瓷厂的盖印，以示瓷偶的出厂年份。盖印会随着瓷偶的制造年份而更改，因而成了收藏的指南之一。瓷偶模子用过20次后，便会销毁，从此不再有同一款式的瓷偶。高宝瓷厂和瓷偶创作者，神奇的历史让他们一起创作出了喜姆娃娃这个受到全世界人民喜爱的艺术品，真是缺一不可。喜姆娃娃瓷偶不同于普通的瓷偶之处在于，艺术家Berta Hummel 修女热爱儿童，热爱孩童身上散发出来的人性之美，尤其是在目睹了第一次世界大战对世界造成的创伤，她决心展示儿童最美的天性

唤起人们对爱的向往。

　　"童年的生活是美好的，是翻不去的一页"，喜姆娃娃纯真自然的神情，散发出对生命的赞颂，感动温暖了无数人的心。这同样是"喜姆瓷偶·伙伴"内心所真要表达的充满温馨的真实情感。

（图片摄影：吴 勇）

酒神·杜康

石湾陶艺"酒神·杜康"，直径8.5厘米，高12厘米。安坐在酒坛上，似乎暗语身影不离酒的、生动塑造了华夏酿酒始祖——杜康。作品造型逼真，栩栩如生。

传说黄帝建立部落联盟后，开始耕地种粮，并令杜康管理生产粮食，杜康很负责任。因土地肥沃，风调雨顺，连年丰收，粮食越打越多，那时候没仓库，更无保管方法，杜康把粮食堆在山洞里，时间一长，由于潮湿粮食全霉坏了。黄帝知悉、很生气，将杜康撤职，让他转当粮食保管。杜康由粮食生产大臣，降为粮食保管，心里十分难过。但他又想到嫘祖、风后、仓颉等臣，都有所发明创造，立下大功，唯独自己没有功劳，还犯了罪。想到这里，他的怨气消了，并下决心非把粮食保管这件事做好。有一天，杜康在森林里发现了一片开阔地，周围有几棵大树枯死了，只剩下粗大树干。树干里边已空了。杜康灵机一动，他想，如果把粮食装在树洞时，也许就不会霉坏了。于是，他将枯死的大树进行了掏空处理。并把打下的粮食全装进树洞里。谁知，两年以后，树洞里的粮食，经过风吹、日晒、雨淋，慢慢地发酵了。一天，杜康上山查看粮食时，突然发现一棵装有粮食的枯树周围躺着几只山羊、野猪和兔子。期初他以为这些野兽都是死的，走近一看，却发现它们还活着，似乎都在睡大觉。杜康一时弄不清原因，还在纳闷，一头野猪醒了过来。它一见来人，马上窜进树林去了。紧接着，山羊、兔子也都醒来逃走了。他正准备往回走，又发现两只山羊在装着粮食的树洞前低头用舌头舔着什么。杜康连忙躲到一棵大树背后观察，只见两只山羊舔了一会儿，就摇摇晃晃起来，走不远都躺倒在地上了。杜康飞快地跑过去仔细察看，不看则罢，一看便给杜康吓了一跳。原来装粮食的树洞已裂开缝，里面不断渗出水来，山羊、野猪和兔子就是舔了这种水才倒下的。杜康用鼻子闻了一下，一股清香，自己不由得也尝了一口，味道果然甘纯甜美。他越尝越想尝……当他醒来时，只觉得精神饱满，浑身是劲。他顺手摘下腰间的尖底罐，遂将这种水盛了半罐。回来

后，杜康把看到的情况，向其他保管粮食的人讲了一遍，又把带回来的味道浓香的水让大家品尝，大家都觉得很奇怪。有人建议把此事赶快向黄帝报告，有的人却不同意，理由是杜康过去把粮食霉坏了，被降了职，现在又把粮食装进树洞里，变成了水。黄帝如果知道了，不杀他的头，也会把杜康打个半死。杜康听后却不慌不忙地对大伙说："事到如今，不论是好是坏，都不能瞒着黄帝。"说着，他提起尖底罐便去找黄帝了。黄帝听完杜康的报告，又仔细品尝了他带来的味道浓香的水，立刻与大臣们商议此事。大臣们一致认为这是粮食中的的一种元气，并非毒水。黄帝没有责备杜康，命他继续观察，仔细琢磨其中的道理。又命仓颉给这种香味很浓的水取个名字。仓颉随口说："此水味香而醇，饮而得神。"说完便造了一个"酒"字。黄帝和大臣们都认为这个名字取得好。从这以后，我国远古时候的酿酒事业开始出现了。后世人为了纪念杜康，便将他尊为酿酒始祖。

杜康酒，古有美名，代有传颂。三国时，曹操诗《短歌行》："何以解忧，唯有杜康。"后代诗人也多用杜康赞誉美酒。

渔夫和鱼鹰的故事

鱼鹰是渔夫捕鱼的帮手，更是渔夫的挚友。他们保持着一种微妙的和谐。这件陶艺大竹篓直径9.5厘米，高6.5厘米，上面坐着一个左手持板烟斗，右手撑着篓边，面朝两只鱼鹰喃喃细语的渔夫。他们之间有个相处认知的过程。

两只鱼鹰，爱梳理打扮喜欢漂亮的叫"阿美"；一只脚天生有小残疾的叫"阿翘"。清晨渔夫带着它们去捕鱼，当鱼鹰一下水，渔夫便扬起竹竿敲打着水面。每回立头功的往往是"阿美"，尽管逮的鱼很小，渔夫却很赞赏它。"阿美"闪动着两只小眼睛，便得意地跳到船头梳理起羽毛来。这时，渔夫更期望"阿翘"也能有"好戏"，一会儿，它果然也钻出了水面，并夹住了一条足有一斤重的青鱼，向渔船游来，渔夫赶紧靠上去取下青鱼，并拍着它的头说："捉吧，把更大的鱼捉上来！"憨厚的"阿翘"不像"阿美"那样精明，将翅膀扇了几下便又钻进水里去了。从频率上来讲，每次先捕获鱼的，总是"阿美"。因为它谙熟小鱼喜欢浅水活动的道理，每当捕到后，它便急忙报告主人，并总能得到渔夫的赞赏。有一天，渔夫又带着鱼鹰出发了，两只鱼鹰同时钻进水里。第一个捉鱼上来的，照例又是"阿美"，渔夫很高兴。接着他寄望"阿翘"能出彩。但见"阿翘"上来时，嘴里却是空的。渔夫生气了，随即扬起长竹竿给它一击，"阿翘"见主人生气了，只好再下水了。"阿美"见机会来了，又下水捉了条小鱼，自然讨得渔夫赞赏。这时"阿翘"又钻出水面，但嘴上仍是空的。渔夫更生气了，他把"阿翘"，一竹竿拨到水里。"阿翘"委屈地盯着主人，主人的竹竿再次扬到它头上，它无奈地两脚一蹬，又钻进水里去了。当它再次空着嘴巴露出水面时渔夫气得拿起竹竿，将它击倒在船舱里动弹不得了。此时，水面上漂起了一层淡红色的血印，渔夫好生奇怪，只见有个黑影子慢慢浮上来，江水也开始翻动起来。"阿美"吓得赶

竖跳上渔船；渔夫也害怕起来，将船划到黑影了眼前，才看清是一条大青
鱼的背脊，它横冲直撞地游来，弄得江水发出哗哗响声，飞起的水浪，足
有几尺高。水花溅到了渔夫身上，把他的衣服也打湿了。大青鱼在水中滚
了一阵子，最后一个翻身不动了。渔夫将船靠近一看"啊"的一声叫了起
来，原来大青鱼的眼睛被啄瞎了，江水里的血，就是从它身上流出来的。
渔夫这下什么都明白了。他猛地将"阿翘"鱼鹰抱了起来，抚摸着它的羽
毛。而躲在船舱里的"阿美"，先是扇着翅膀，向主人嘎嘎地叫着。但见
主人并不理睬它，好像也明白了什么似的，缩到船舱的角落里，乖乖地躲
起来了。

醋坛

　　陶塑《醋坛》，为著名石湾陶艺摆件。长13厘米，宽9厘米，12厘米。生动地塑造了三位古人围绕醋坛，爱醋、喜醋和赞醋的神态油然而生，让人叹为观止。

　　醋，人类食用的历史悠久，它的文字记载的历史至少也有三千年以上，同食盐一样属于最古老的调味品。正如茶文化、酒文化一样，醋也是一种文化。早在公元1058年周公所著《周礼》一书，就有了酿的记载，到春秋战国时代已出现酿醋作坊。《齐民要术·作酢法》，"酢，今醋也"，有详细酿醋过程的记载。在公元前479年，最著名的醋神当属明朝叫发明的山西老陈醋。山西人以爱好食用醋而全国闻名，有"缴枪不缴醋"的笑谈。外地人称山西人为"老西儿"，这"西儿"就是古字醋的谐音，把古代的醋字作为山西人的代名词也可反映出历史上酿造醋的时间之早和人数之多。

　　山西制醋历史悠久，山西人爱吃醋遐迩闻名。《尚书》记载了这样一个故事：殷高祖武丁为聘请一位叫傅说的人出来做他的宰相，致词曰："若作酒醴，尔惟曲蘖；若作和羹，尔惟盐梅。"这里所说的梅，就是酸梅子，当时是当作醋来使用的。殷武丁这几句话的意思是：你的才干多么卓绝呀——假若是作甜酒，你就是那关键的曲和蘖；假若是作羹汤，你就是那必不可少的盐和醋。可见，早在公元前12世纪以前，山西人不但已经有了吃醋的习惯，而且把醋作为赞许人的高超品格和卓越才能的象征。在太原市区，至今仍保留着嘉庆二十二年七月成造的蒸料铁甑。传说"益源庆"老字号开设于明朝，是专供明太祖朱元璋之孙宁化王朱济焕王府酿酒、磨面、制醋的作坊。"益源庆"酿制的醋配料讲究、制做精细、味道甜绵、香酸，久存不变质。宁化王除了本府食用外，还把它作为珍品，不断敬奉皇宫御用，至民国时，"益源庆"的醋仍然是达官显贵馈赠亲朋的

佳品，号称"宫礼陈醋"，俗称"宁化府"醋，一直到新中国建国前夕，其产品仍受到上层人物、社会名流的青睐。

山西醋不但品种多，而且质量美，成为山西人们生活中不可缺少的调味品。从牌号分有老陈醋、陈醋、普醋、双醋、特醋、名特醋、味醋等；从生产工艺分有熏醋、黄醋、回流醋、封缸醋、淋醋等；从所用主要原料分有高粱醋、玉米醋、小米醋、柿子醋、果醋、红薯醋等；从所用曲的类别分，还有大曲醋、快曲醋、自然发酵醋等。真是琳琅满目，各具特色。醋为什么在山西人的生活中占有重要地位？根据文献记载和临床经验，醋在医学上也有较高价值，古代医书有这样的记载："醋酸温，开胃养肝，强筋暖骨，醒酒消食，下气辟邪，解鱼蟹鳞介诸毒，陈久而味厚气香者良。"清乾隆四年，京师太医集中全国名医，为治疗宫妃郁血病而制造的"定坤丹"，采用的20多味药料，其中不少药料都要用老陈醋炮制后才能使用。此外，人们在日常生活中，还实践出醋的许许多多奇妙的用途。

陶艺"醋坛"以古代的醋字作为山西人的代名词，将作品表现得淋漓尽致，真是栩栩如生、维妙维肖。

蟋蟀爱好者

作品《蟋蟀爱好者》为石湾陶艺。它长16.5厘米，高16.5厘米，宽9.5厘米。一位清朝身着长衫马褂的老人，闲暇时正在聚精会神地打草玩弄蟋蟀，神态相当逼真。蟋蟀又名蛐蛐、促织，从唐朝天宝年间开始养斗蟋蟀，兴于宋，盛于明清。京城民间始终保留着玩蟋蟀的习俗，各路玩儿家经常聚集到一起聊蟋蟀、斗蟋蟀。盛行时，宣武门、牛街等处，均为最有名的摆擂台、斗蟋蟀的地方。

古人玩蟋蟀讲究三种境界。第一种境界叫"留意于物"。这其中最典型的代表是南宋宰相贾似道，竟然闲玩里山思国，斗；州境界叫"以娱为赌"，把斗蟋蟀作为赌博手段；第三种境界叫"寓意于物"，这是最高境界，多为文人雅士所为。位于北京西便门明城墙遗址城楼的京城第一座鸣虫馆"古道茶苑"，是京城新近开设的喝茶同时品味蟋蟀文化的场所。茶苑内挂着蟋蟀画谱，放着蟋蟀影雕，摆擂台、斗蟋蟀的玩友们纷纷来此重温旧时游戏；旧时，南京人将白露节气作为"蛐蛐节"，入秋后，古城老宅庭院，小街背巷响彻蛐蛐"弹琴"声，夫子庙花鸟市场秋鸣虫摊点也热闹起来。现在玩虫的年轻人少了，主要是一些年岁大的中老年人。他们到市场逛逛，买鸣虫主要出于怀旧，寻找少儿时的童趣；2016年秋，上海环球金融中心大厦四楼的环球艺术空间开展了"秋色可听"多媒体意境特展，以"鸣虫"为主题，基于对中国传统文化"鸣虫"的表达，展览是一次模拟自然的互动。拉近人与自然的距离，帮助平日里埋头工作的人们，回味儿时与虫为伴的快乐时光，重拾与大自然交融的美好。也为忙碌的都市人寻觅了一处"听见秋色之音"的浪漫之地。让观众亲历感受一幅生动的秋日山水画，让游客在轻松惬意的氛围中听虫声、享虫趣。漫步田间野梗、旧时里弄，捉蟋蟀、听蝈蝈叫声，重拾儿时撒野的欢乐。

蟋蟀、油葫芦、蝈蝈号称中国三大鸣虫。三大鸣虫中，玩得最好、最

精彩、最有文化韵味的当数蟋蟀。当今社会赏玩蟋蟀似渐成风尚，无论是北京、天津、上海、广州、香港等大都市，还有南京、杭州、苏州那样的中等城市，以及盐城射阳市县级城市，都有规模不等的蟋蟀市场。赏玩蟋蟀作为娱乐活动，其间多少可折射出现代人渴望返朴归真的情趣。

鲁智深火烧瓦罐寺

眼前这件作品为石湾人物陶艺《鲁智深火烧瓦罐寺》。高22厘米，长16厘米，宽12厘米。鲁智深怒目圆睁，左手持禅杖，右手将酒扑向寺庙冉冉而起的火堆中去……

鲁智深，本名鲁达，绰号"花和尚"，法名智深，中国著名古典小说《水浒传》中的经典人物形象之一。渭州（甘肃平凉）人，生活在北宋年间，当过提辖，又称鲁提辖。身长八尺，长得面阔耳大、鼻直口方。为人慷慨大方，嫉恶如仇，豪爽直率，但粗中有细，与史进、林冲、武松、杨志等为密友。

作品刻画了鲁智深提了禅杖，走着走着看见一所败落寺院，名为瓦罐寺，鲁提辖此时饥饿万分，便入寺化缘讨食。进去后只见寺庙空空，几个老和尚坐地，打听后方才得知俩个恶人道长崔道成、丘小乙，他们不但赶

走了寺中原有的和尚，还掳掠妇人到寺中淫乐。鲁智深知道后便怒起与他们撕杀打斗起来，但因饥饿打不过，打了不到四十会合，便抵挡不住僧道二人的联手，鲁智深只得落荒而逃。一直逃到几里外的赤松林，正好遇到好友史进在林中"剪径"，得以兄弟重逢。鲁智深先找到一家小栈与史进饱餐了一顿，便一同回到瓦罐寺，寻崔道成、丘小乙算账，最终联手将僧道二人打死。此时，鲁智深见到老和尚已自杀，瓦罐寺已荒废无人，便在离去时放了一把火，将寺庙烧为白地。于是鲁智深和史进辞别后，便去了东京大相国寺。

作品《鲁智深火烧瓦罐寺》构思巧妙、线条清晰、工法细腻，刀工粗犷有力。形态生动、逼真，形象地表达了鲁智深仗义执言、嫉恶如仇的情感世界。

（图片摄影：吴 勇）

诗圣李白

　　李白，字太白，唐代大诗人，一生在半醉半醒之间的李白，其最有特色、最显才华的时刻正是在醉酒、诗兴横溢之际。捧起李白的诗篇，那撼动天地的豪情和飘逸高深的仙气涌来，通贯纸背，令人感慨万千，他的诗作气势恢宏、潇洒自如，神工鬼斧无人能及。"李白斗酒诗百篇"，连著名诗人杜甫也对其赞叹不已。

　　该作品长18厘米、宽9厘米、高14厘米。以酣醉作诗为题材，充分发挥石湾陶塑技艺传神的特点，生动描绘了李白醉倚在石台边，右手持握着一支笔，左手硬撑着膝盖，侧坐在石凳上，将他的神态刻画得淋漓尽致。人物脸部不施釉，突出了醉后酣然沉睡的微妙神态，釉色自然和谐，温润有光泽，很好地表现衣纹自然流畅的效果。釉色莹润肥厚、浓淡相宜，积釉处流淌自如，形象表现了衣服纹理和釉面的流动。

李白（701年—762年），字太白，号青莲居士，唐朝浪漫主义诗人，被后人誉为"诗仙"。祖籍陇西成纪(待考)，出生于西域碎叶城，4岁再随父迁至剑南道绵州。李白存世诗文千余篇，有《李太白集》传世。762年病逝，享年61岁。其墓在今安徽当涂，四川江油、湖北安陆有纪念馆。在黄鹤楼公园东边，有一亭名为"搁笔亭"，亭名取自"崔颢题诗李白搁笔"的一段佳话。唐代诗人崔颢登上黄鹤楼赏景写下了一首千古流传的名作："昔人已乘黄鹤去，此地空余黄鹤楼。黄鹤一去不复返，白云千载空悠悠。晴川历历汉阳树，芳草萋萋鹦鹉洲。日暮乡关何处是，烟波江上使人愁。"后来李白也登上黄鹤楼，放眼楚天，胸襟开阔，诗兴大发，正要提笔写诗时，却见崔颢的诗，自愧不如只好说："一拳捶碎黄鹤楼，一脚踢翻鹦鹉洲。眼前有景道不得，崔颢题诗在上头。"便搁笔不写了。有个少年丁十八讥笑李白："黄鹤楼依然无恙，你是捶不碎了的。"李白又作诗辩解："我确实捶碎了，只因黄鹤仙人上天哭诉玉帝，才又重修黄鹤楼，让黄鹤仙人重归楼上。"

此《诗酒李白》，李白头部微小，身首较他，两眼微闭，似醉非醉，呈斜卧状将诗仙李白醉酒后慵懒无力、醉意十足的形态刻画得淋漓尽致、栩栩如生。其神情似安详，似颓废，眉宇间流露出高傲之态，大有愤世嫉俗、"一醉解百愁"的意境。此时此刻，虽不见李白"举杯邀明月"的豪爽神态，也不见李白挥洒笔墨抒胸臆的场景，但这种静中有动的精神世界，却被艺人刻画得活脱若生，使人在欣赏之余顿生"人生匆匆如白驹过隙"之遐想。作品构思简练，线条流畅，把诗圣太白的神态表现得惟妙惟肖，生动传神，堪称石湾陶艺精品之一。

陶艺《招财进宝》

　　石湾公仔陶艺《招财进宝》作品高22厘米，宽22厘米。招财进宝，同名花钱，古时多用于社会交往，传递感情，表达寄托吉祥，除凶避邪的良好愿望和对幸福生活的美好追求，反映了古代民间风尚和习俗。大多为方孔圆钱，常见的面文有"招财进宝、黄金万两"等等。另有清朝桂局造币厂出的桂字大挂花最为出名。

　　作者刘兆津，广东省工艺美术大师，1960年出生在石湾，出身于陶艺世家，祖辈以陶塑为业，师从其父中国工艺美术大师刘泽棉学艺。幼承庭训，耳濡目染于父亲的艺术创作氛围及理念，逐渐走上陶艺创作的道路，至今醉心于"泥、釉、火"艺韵已三十余年。他在陶艺创作中大胆探索各种手法和艺术形式，走出了具有个人独特风格的艺术创作之路。其作品屡获国家、省、市的金、银奖。受四大流派的引导和慈父严帅的教诲，这位刘胜记第五代陶艺传人，历经三十多个春秋的洗礼，艺海扬帆，一路踏歌前行。他的作品以古喻今，展现出深厚的文化底蕴和内涵。风格上偏重传神、古朴，无论人物动物，皆比例得当，动静皆宜，尤其注重衣纹、筋骨、肌肉的塑造拿捏，既有工笔的精细，又有写意的大气，既有外在的造"形"，更有内在的"神"韵，虚实结合，藏巧于拙，使作品极具石湾陶艺的厚重感。

　　石湾陶塑，俗称"石湾公仔"，石湾制陶已有5000多年历史，发展于唐宋，极盛于明清，民国后更是有了质的飞跃，特别是艺术陶塑人物趋向成熟，在吸取各方面文化艺术的基础上，逐渐形成了"胎釉深厚朴实，造型生动传神，取材丰富广泛，技法多姿多彩"的艺术风格而誉满天下。陶艺《招财进宝》是一款颇具传统特色和风格的好摆件。

（图片摄影：王　路）

紫泥·随缘

　　"一壶世事如潮，看淡凡间沧桑"。人生浮华，或悲或喜，或失或得，何为执念？大道自然随缘，醉饮山水云湄。随缘，是一种修养，是阅尽人情的经验，是透支人生的顿悟⋯⋯佛家认为凡事应顺其自然,人生都是因缘和合，缘聚则成，缘灭则散，一切随缘，才能在迁流变化的无常中安身立命，随遇而安。

　　紫泥"随缘"，系宜兴黄龙山紫砂原矿提练而成，为典型紫砂泥，泥性稳定，易掌控、紧密结实，可塑大型塑像，成型较易，为工匠最喜爱使用之泥料，也为养壶最佳材质，该作品线条简洁，清晰流畅，造型古朴端庄、一器浑成；泥色呈棕紫色调，成熟稳重、端庄肃穆；冲茗透气性佳，热淋变色率高，亲茶性颇符中庸之道，易掌控冲泡时间，当属雅俗泡茶利器；采用纯手工制作，大小适宜，能安定心灵，亲和力甚佳，作品蕴涵着

人的气息和痕迹。作者谈曙君，为中国高级工艺美术师、陶艺名家和中国工艺美术学会会员。1962年出生于古阳羡陶瓷世家，从小兄妹随母制陶、制壶。师从中国工艺美术大师李昌鸿、沈遽华等。自幼酷爱书画及陶艺，从配练泥土、制作、雕刻、烧制，练就一套全方位的扎实基础和功底。其作品多次刊登于台湾《壶中天地》、《天地方圆》、《紫玉金砂》等专业刊物上，颇受台湾地区收藏界的青睐。多年来缘结各地名人、高手，通过融会贯通互相学习，切磋交流，制壶技艺得到长足进步。2018年，成立海派三心斋，成为核心人员之一。2002年注册"上海君陶居紫砂工艺品制作有限公司"，长期收藏老茶壶、临摹古代名家名作，作品坚持用精细的纯手工紫砂传统制作方法，通过细致的构思和大胆的创作，使作品豁达大度，尽透阳刚之气。壶嘴、把、盖、钮雕塑装饰，惟妙惟肖，件件作品体现出其思想内涵。多次参加全国展览评比，荣获中国工艺美术学会各类奖项数十次，作品得到了国家权威部门的肯定和收藏家们的喜爱。

"紫砂传神韵，一壶容乾坤"大千世界芸芸众生，可谓是有事必缘，如喜缘、人缘、机缘、善缘等。办事随缘，顺其自然，这不仅是禅者的态度，更是我们快乐人生所需的一种精神。随缘是一种平和的生存态度，也是一种人生的禅境。宠辱不惊，闲看庭前花开花落，去留无意，漫随天外云卷云舒。萍水相逢是缘，邂逅相遇也是缘。佛说每一个照面都是千年修来的缘。人的一生是因缘而来，随缘而合。"随缘"蕴涵、渗透着年代的变化和美好记忆，令人爱不释手，这当属紫砂"随缘"纯手工作品的魅力所在。

（图片摄影：王 路）

《新民晚报》2020年4月22日第21版

釉下彩·鳜鱼

　　鳜鱼又叫鳌花鱼，肉食性，有鳞鱼类；属于分类学中的脂科鱼类。鳜鱼身体侧扁，背部隆起，身体较厚，尖头。它是我国"四大淡水名鱼"中的一种。鳜鱼肉质细嫩，刺少而肉多，其肉呈瓣状，味道鲜美，实为鱼中之佳品。唐朝诗人张志和在其《渔歌子》写下的著名诗句"西塞山前白鹭飞，桃花流水鳜鱼肥"，赞美的就是这种鱼。

　　高29厘米，口径11厘米，胸径18厘米，底径10.5厘米。器形撇口、缩颈、筒腹、圈足。整器瓶体细长，线条流畅，画面描绘了春暖花开之际，鳜鱼悠然自得地游弋于广阔的水域，画得相当生动。数条鱼完全不受自然色彩的约束，青色青得幽靓雅致，水草纵生，飘逸多姿，艳而不燥，产生和谐的映衬。看似简单的草叶，变化却非常丰富。画面采用写意画法，大笔触描绘鲜活自然的鳜鱼，自由自在地畅游在飘动的水草间，给人以简约清丽的美感。背花设色有层次，釉里红更使瓷画增添了一分喜庆的色彩。展现了一幅自然生动和靓丽的"鱼乐图"。

　　该瓶为釉下五彩瓷，它用彩以多色为主，以含有铜、铁、钴、猛等元素的矿物质为着色剂，绘出所需纹样，罩上透明釉一次烧成，呈现出褐红、褐黑、兰、绿、黄、紫等色彩。除具有色彩鲜艳、晶莹润泽，耐酸碱，耐磨损，不变色，无铅镉溶出等优点外，还具有色料品种繁多、填色技法丰富、线条装饰独特、制作工艺多样等特点。作者认为画画跟写文章一样，词汇要丰富才能表情达意。这件作品简洁清新，呈现出自然的韵律美。

（图片摄影：吴　勇）

釉下彩·鲶鱼

　　鲶鱼即鲇鱼，分种较多，常见有鲶鱼(土鲶)大口鲶鱼、胡子鲶(塘鲺)客家俗称滑哥鱼。此鱼的显著特征是上背较黑，腹面白色尾圆而短，不分义，背鳍小，臀鳍与尾鳍相连，周身无鳞，身体表面多黏液，头扁口阔，嘴上共四根胡须，上下颌各有两根胡须，上长下短。肉食性，生活在河湖池沼等处，白昼潜伏水底泥中，夜晚出来活动，吃小鱼、贝类、蛙等。

　　该瓶高28.5厘米，口径12厘米，胸径17.5厘米，底径9厘米。撇口、缩颈、筒腹、圈足，整器瓶体细长，线条流畅，系高岭土制作。鲶鱼体态俊美，须子细长飘逸，水中游动姿态优美，是绘画的很好题材。画面随器型凹凸起伏、随方就圆的表现，随机灵活的处理每一个三百六十度旋转的全方位画面，期间既注重考虑主次、疏密、节奏、虚实等因素，更考虑全方位整体的可观赏性因素。是一件理性与感性的综合体现，成功、完美的技术与艺术结合的好作品。"鱼"与"余"同音，是"富足安康"的意思。五彩瓷器分为釉上五彩瓷和青花五彩瓷两种。五彩瓷并不是一定要有五种彩，施彩多寡，要依据整体装饰效果来确定。现掌握的实物资料证明，金代磁州窑系烧造的釉上红、绿彩瓷器是最早的釉上五彩瓷器。釉上五彩是在已经烧成的白釉瓷器上施彩绘画，再入窑以700℃至800℃炉火烧制而成，工艺简单。青花五彩瓷烧造工艺相对较复杂，先用青花料在坯上描绘出一定的纹样，罩上透明釉入窑烧制，再以红、黄、绿、紫、赭等色彩在已烧成的瓷器上进行描绘，最后再入窑以700℃低温烧成。

　　釉下五彩瓷·鲶鱼为景德镇瓷瓶。画面以写意画法，大笔触描绘两条布满器身的鲜活自然鲇鱼，自由自在地游曳水中，给人以简约清丽的美感。背花设色有层次，釉里红更使瓷画增添了一分喜庆的色彩,作品"鲶鱼"不愧为一件难得的好瓶。

(图片摄影：吴勇)

釉下彩·三雀图

釉下彩"三雀图"，是我早年在原江阴路花鸟市场，从一位景德镇瓷商摊位上觅来的。

该瓶高30厘米，口径4.5厘米，腹径18厘米的，底径9.5厘米。器型：收口、鼓腹、足内撇，形似枣子，为正宗高白釉所制。器型大气稳重，造型古朴，画面构思简洁、清晰。通体以满器写意修饰手法，以浓淡相间的青花绘制随风摇曳的枝叶和花卉以及竹叶相间，描绘了一幅以翠竹丛中，一株优雅美丽的盛开杏花傲然怒放，三雀站在树枝上欢鸣的画面，画面用色华丽且细致，整体呈现一既优雅又不失热闹的氛，个化为春天的象征，充满着自然的情趣。作品构思巧妙，富有新意，装饰手法与意境结合得十分贴切。作者以干湿兼用的墨色、松动灵活的笔法绘麻雀及树干。麻雀用笔干细，敷色清淡。树木枝干多用十墨皴擦晕染而成，无刻划痕迹，此图树干的用笔落墨很重，且烘、染、勾、皴，浑然不分，造型纯以墨法，笔踪难寻，用笔特点野逸之趣盈溢于画面之外。这真是"春风入山林，吹醒杏花魂，满谷扑鼻香，迎来群雀声。"

景德镇是世界著名瓷都，制瓷历史悠久。在中国瓷文化中的具有不可替代的作用，中国古代造瓷，在釉色方面，素有崇尚青色传统，以青为贵。以前的各朝所追求的色调，无非是浓淡不一，意境略异的青色瓷，而且重色釉也不曾有过彩绘。景德镇窑在北宋时期，仿效了青白玉的色调和湿润的质感，创造性地烧造出了一种"土白壤而垍、质薄腻、色滋润"的青白瓷，使青瓷艺术达到了高峰。该釉下彩"三雀图"充分展现了景德镇瓷艺的特色，不愧为一件难得的出白瓷都当地流行的典型作品。

（图片摄影：吴 勇）

釉下彩·雀跃芭蕉

　　釉下彩"雀跃芭蕉"。器体短颈似纺锤，造型浑厚丰满。高32厘米，口径6厘米，腹径16厘米，底径12厘米。器型折口，鼓腹，圈足。整器描绘了一幅硕大的芭蕉叶下，麻雀欢跃的美景，器身以青花料绘多姿芭蕉叶。用青花渲染，色阶层次分明，体现出山石的质感。一场春雨过后，竹林吮吸着滋润的甘露，孕育了好多胖娃娃，它们探出了黄花花的小脑袋，向大地展示着自己旺盛的生命力，疏密穿插有章法，生机勃勃；竹笋以釉里红点染，红蓝相映，画面一派苍郁之趣。作品采用青花写意笔法表现出蕉叶生趣盎然的美景，画中雀跃欢鸣，花和叶俯仰有致，相互穿插，景物的虚实处理体现了作者深厚的中国画艺术功底。

　　作品并题有清金农（扬州八怪的核心人物）《蕉林清暑图》的诗句："绿了僧窗梦不成，芭蕉偏向竹间生。秋来叶上无情雨，白了人头是此声。"为何白了人头是此声？是因为细雨滴芭蕉，丈量出人生命资源的匮乏。在佛教中，芭蕉是脆弱、短暂、空幻的代名词。《维摩诘经》说："是身如芭蕉，中无有坚。"芭蕉意味着弱而不坚，短而不永，空而不实。春天来了，芭蕉迅速长大，从那几乎绝灭的根中，竟然托起一个绿世界，铺天盖地，大开大合，真是潇洒极了。当春风还没有融尽残冬的余寒，新笋就悄悄在地上萌发了，一场春雨过后，竹笋破土而出，直指云天，所谓清明一尺，谷雨一丈，便是对她青春活力和勃勃生机的写照。

　　春天来到这里，竹林间花卉盛开、飘香的野花在竹丛中微笑，与翠竹交相辉映、争芳斗艳。春意盎然的景色中，一支支春笋破土而出，生机勃勃，迸发出向上的精神品格。

　　绘画中最能体现画家功底与笔力的莫过于花鸟画，作品"雀跃芭蕉"，层次分明，笔势遒劲，摆脱了传统的绘画习气，挥洒自如，颇见清远，风格秀雅。从整体看，真可谓是一件难得的上乘之作。

（图片摄影：吴 勇）

陶艺·钵盂

陶艺"钵盂"。器形稍扁，口略小，束颈，鼓腹，小平底，口径17厘米，腹径22厘米，底径12厘米，高14厘米。该器造型典雅大方、自然古朴。设计很巧妙，钵口钵底向中心收缩，直径比腰部短，肚大、口小，其形状可使盛的饭菜，不易溢出，又能保温。为古代和尚盛饭菜的食器，也多用于佛教徒化缘之用。多为铜、铁等材质，可在诵经时敲击。是传统道教修行人士发明的一种装水或食物的器具。

这件作品是多年前在一次陶瓷艺术展销会上购得的，摊主系宜兴市丁蜀镇白宕人，出生陶艺世家，祖上世代从事制陶工艺，艺人擅长陶艺制作，尤以陶刻见长。在长期的学习、创作探索中，博采众长，题材除了运用山水、花鸟、人物等传统手法外，还撷取了汉画像石、画像砖、秦代青铜器、玉器、版画以及年画的装饰手法与紫砂陶刻工艺相结合，突破了紫

砂陶刻固有的题材和风格，使作品自然古朴、刀味浓郁并富有鲜明的个人特色，成为当代"文人陶刻"的典范。其作品曾多次在省级、国家级工艺美术展评中获奖。并在壶艺、雕塑、书法、陶刻等艺术领域有所继承与创新，尤其以书法与刀法的融合和运用上形成了其独特的刀法，既体现出了书法的笔意又展现出刀的韵味，题材直取秦汉古韵，成为当代"文人陶刻"的典范。作品风格古朴，憨态可掬。充分表达了中国原始社会先民及祈求生殖繁衍族丁兴旺的涵义。

　　作品突破了传统紫砂陶刻固有的题材和风格，使作品自然古朴、刀味浓郁，富有鲜明的个性特色。在长期的学习、创作探索中，博采众长，并在壶艺、雕塑、书法、陶刻等艺术领域有所继承与创新，尤其以书法与刀法的融合和运用上形成其独特的陶刻手法，既体现出了书法的笔意又展现出刀的韵味。

掌上把件

鼠年赏"金鼠"

　　"送走土猪，迎来金鼠。"2020年是庚子年，庚属金，子为鼠，所以2020年出生是金鼠之命。年前，我有幸参观了上海中心大厦"上海观复博物馆"，让我最感兴趣并令我惊喜的是在金器馆，见到的这件出自明代的《金鼠》藏品。它的体量大小与真鼠相差不多，模样煞是可爱，体态丰满，拖着一条长长的尾巴，呈蹲立姿，抬着两只小小的前足，头上长着两只尖尖的小耳朵，一对绿豆似的小眼睛，似乎一眨一眨的显得非常机灵。

　　鼠，一个具有无比灵性、聪慧神秘的小生灵，流传着一段传奇故事。相说很早以前，四大天王回归古镇守南天门后，生门动们由归玉皇大帝掌管。玉帝下令，在规定的日子，人间的动物都可去应选，并以赶到天宫的先后顺序，只取前十二名。喵星人和鼠原是一对好朋友，他们商定时间一同前去应征。可是，机灵的小老鼠想，人间的许多动物不仅长得比自己帅，而且还有许多本领，譬如，鸡打鸣、猫念经、兔拜月、猴卖艺、狗守

屋、龙治水、蛇钻洞、虎镇山、牛耕田、马传讯、猪供肥、羊赐肉，唯独自己没有本事而且长得丑，应当想个法子才能争取到属相。于是，言而无信、背信弃义，在约定的那天一大早，小老鼠便事先起来，偷偷跳上老实巴交的老牛角中藏起来，它们一同赶到天宫，果然是第一个到了天宫。天亮了，四大天王刚打开大宫门，牛还没有来得及抬蹄，小老鼠从牛角中一跃而下，结果捷足先登、拔得头筹，老牛屈居第二……最后，好吃贪睡的老猪捡得末筹，但也算心满意足了。此结果令玉帝很不满意，可是王无戏言，自己立的规矩不能更改，玉帝也只好宣布鼠为生肖之首。猫因听信了老鼠而耽误了时机，失去了名额，从此，恨透了老鼠，一见到就扑去咬，以泄心中之愤，而老鼠呢，见到猫就逃，直到今天它们还是死对头。值此老鼠留下了不好的名声，还远离了其他动物，至今仍然生活在地下，白天躲在洞里晚上出来活动。这一来反倒免去了与其他动物的争斗，所以鼠的家族始终昌顺、繁衍不息。不管怎么说，老鼠毕竟是凭自己的机警和聪明坐上了生肖第一把交椅。

鼠：代表了顽强生命力，鼠聚财的本领也是数一数二的。和钱在一起，代表数钱。鼠的第一个象征意义是具有无比的灵性；第二个象征意义是生命力强，善生善育繁殖力强，生存率高。又因其天性好囤粮，善于积攒，有旺财旺福象征。

上海观复博物馆以中国深厚文化为基石，打造高品质的专业展览，环境典雅，注重人与历史的沟通，突出传统文化的亲和力。黄金馆的221件作品均为纯金打造展，工艺精湛，件件是宝，以中国古代黄金作品为主，中国周围民族与国度的黄金文化为辅，让观者深刻领略黄金文化。《金鼠》仅是其中一件代表。

（图片摄影，王路）
《新民晚报》2020年1月14日第20版

收藏海螺

　　海螺，古称贝，腹足类软体动物，分五大纲，7万多种，通称海螺。是大海馈赠的精灵，也是大自然恩赐的珍宝，斑斓的色彩、靓丽的外表，成为我寻觅收藏的目标，我曾到过普陀山、北戴河、鼓浪屿、东山岛和澳洲黄金海岸、大堡礁……漫步在海滩上总会留意脚下的小贝螺，若遇上捭篮卖螺人，每每总会收下几枚心意的宝贝。这里晒几件时尚且有个性的代表与爱好者共同分享。

　　1. 万宝螺，鬈螺科，产地太平洋、印度洋和中国海南岛海域。螺壳厚重，螺塔低、壳口大。整体呈艳红色或褐红色。它不仅可作为观赏，还可置于手中进行按摩保健。属大型螺类，数量稀少，尊贵无比。传说收藏可以招财进宝。其摆放位置讲究，唇口应向大门寓意迎贵人财宝来。

　　2. 唐冠螺，小体大、螺塔低、纵胀肋成直角排列，肩角有一列大结节，下面有隆起的螺肋。外唇齿和螺轴呈桔色。雄贝较小，结节呈角状。唐冠螺属于大型海螺。壳大而厚重，顶端较尖，呈灰白、金黄色，形状象唐代的冠帽，因而得名。

　　3. 凤尾螺，也称大法螺。螺塔高尖，体层有纵胀肋，螺肋光滑，宽大、低平，其间有螺沟及细肋。前水管沟宽大而短，沿螺轴壁有折褶。壳表为乳白色，有深褐色斑纹和新月形斑纹。壳口橙褐色，外唇齿间有沟槽。轴齿白色，齿间为深褐色，可作号角。

　　4. 鹦鹉螺，属头足纲四鳃亚纲,壳圆盘状，形似鹦鹉嘴故得名。壳大而厚、左右对称，沿一个平面作背腹旋转。壳表光滑，灰白色，后方间杂着许多橙红色的波纹状。它历经漫长演化，有"活化石"之称，与大熊猫一样属国家一级保护动物。它令人炫目的美丽让人赞叹。

5. 巨鸟蛤，深水栖息的双壳贝类，异齿亚纲、帘蛤目、鸟蛤科。足部肌肉发达，时常用足从海底飞跃跳起运动，故名鸟蛤，俗称"鸟贝"。是鸟蛤中最大、最重的一种。壳厚又膨大，壳顶内卷，几乎接触在一起。无论从前端或后端观察，相合的双壳呈心形。肋宽而膨大，被细窄的"V"形沟槽隔开，在生长后期，肋上有钝棘。壳表橙褐色转为紫色。

6. 澳洲大香螺，腹足纲。螺层有强棱脊，体层下部有棱脊，缝合线深。螺轴光滑，脐孔呈深裂缝状，外唇薄，常有缺口。螺层上都有宽度不等弱螺肋，与细纵脊相交。螺塔圆柱状，壳表杏黄色，被褐色厚壳皮覆盖。

7. 海扇蛤，分布热带海域。呈扇型壳较大，近圆形，背缘直。前后具耳，多数种两耳不等。右壳有足丝孔。壳表有放射肋，肋上有鳞片或小棘。生长纹细密而规则。壳色多样。闭壳肌特别发达。足丝发达。雌雄异体或雌雄同体。大部以足丝附着或在海底自由生活。贝肉营养丰富，是名贵海珍品。贝壳可做装饰品。

8. 千手螺，壳大而重，螺塔低，体层膨大，肩部有快角，壳口橙红褐色，内面为橙色，口盖近圆形，深褐色。螺轴粉红色。常作装饰用。象征纯洁爱情。又生有许多长棘，像神话中"千手观音"在佛教盛行的印度，被视为神物，受到供奉。

9. 芋螺，贝壳厚实，多呈倒圆锥形或纺锤形，螺旋部低平，螺层高大。壳面平滑或具螺肋、螺沟突起。壳口狭长，前沟宽短。为典型的热带种类口吻发达。壳面色纹丰富多彩，具细浅的螺旋沟纹或各种斑点、花纹，斑斓多彩，颇受收藏者的青睐。

10. 砗磲，双壳纲，为海洋中最大双壳贝类，号称"贝王"，最大体长可达1米以上，重达300公斤。壳质厚重，壳缘如齿，两壳大小相当，内壳洁白光润，白皙如玉。砗磲壳表面灰色，上面有几条像被车轮辗压过的深沟。其寿长可达近百年。是贝中"大力王"，闭合力惊人，落入壳内的锚链能斩断，铁棍插进壳里，也会被拧弯。

时光流转，海螺积存几十件了，上述仅为我收藏的缩影。其中，前四种螺被列为四大名螺，属珍贵海螺，有较高观赏和收藏价值。收藏海螺令人赏心悦目、陶冶性情，还能从中获得诸多知识。多姿美丽的海螺，成为我对大海一生也抹不去的美好记忆。

（图片自左向右排序；摄影：张静庵）
《新民晚报》2019年4月10日第21版

编织·小毛驴

　　2018年12月7日第四届上海国际手造博览会在上海世博展览馆隆重开幕，博览会通过丰富、生动、趣味的手工艺品展示和手工课程互动，展示了国内外300多家手造行业的丰硕成果，让参观者感受手造乐趣和生活美学。主办方将传统手造项目：编织、拼布、粘土、模型制作等中国传统非遗手工艺，园艺制作进行有机融合，以各式的体验活动，中国手造的万千玩法让观众身临其境、身受感悟,焕发出炫丽无比的光彩。作为收藏爱好者，是绝不会错过机会的，我在POPO钩针手工作坊（纯毛线钩编）展柜前，"卜单"定制了这只可爱的小毛驴。

　　我熟悉驴的体能情况，它的擅长不是"速度"而是"耐力"，建议在驴背上架一副担子，工作坊果然采纳。完工后的驴长20公分，高16公分，宽9公分。小毛驴身披黑色鬃毛，背上搭一条绿白相间的围裙，上面架着一副褚色担子。驴伸着长长的脖子，竖着两只大耳朵，瞪着一双驴眼。身材和四只蹄子圆圆的，一幅煞是可爱的模样。它是一个用纯毛线，全手工钩编的完美可爱的小毛驴。钩针编织是一项极具想象力、创造力的艺术，钩编人以睿智的眼光和灵巧的双手细心地在艺术的边缘游走，同雕塑家一样，立足尘世，创造的却是天堂之美，将一根细长的毛线改变成立体的艺术品。过程是极其简单枯燥，但里面大有学问。不同的编织技法可以形成不同的编织纹样和图案，疏密线条，菱形编织体现出中国式造物的均衡、对比、连续、繁复的形式美。钩紧了要起褶皱，钩松了就出现松垮的问题；而且不同质地的线，可以编出不同的风格的作品来，如果太硬，不但在编织时操作不便，形也不易把握；如果太软，编出的形不挺拔，轮廓不显著。因此线的硬度要适中，使编结与器物能合而为一，在摇曳中具有动态的韵律美。驴是哺乳纲、奇蹄目、马科，又名二驴，外形像马，身体比马小，耳朵、鼻子和脸都较大，耳朵很长。驴的体质相当好，一般不会得

病，可能"驴打滚"是它的"秘诀"，让庹七接触地面舒经活血，达到强身健体的效果。我理解可能同现在做瑜伽原理相差不多，都运用了古老而简单的技巧，改善生理、心理、情感和精神方面能力，达到一种身体、心灵与精神和谐统一的运动方式。

　　金无足赤，驴无完驴。当然，驴也有不足：其一，脾气不好，怕水、怕冰。若遇上，宁肯打死也不服。所以人们常将犟脾气人戏骂为"犟驴"；其二，不聪明，智力弱于牛马，人们往往把蠢笨的人戏谑谓"蠢驴"。以上不足"爹妈给的"很无奈，但它体质健壮、吃苦耐劳、性格憨厚和听从使役"上得了磨盘，下得了农田"是人类好帮手。总的来说还是受欢迎、深得人们喜爱。著名画家黄胄靠画驴闻名于世，其画可与齐白石笔下的虾媲美，被戏称为"驴贩子"。黄胄认为，驴是人类忠实的朋友，所以四肢赋足对这种纯朴动物高写礼赞。中国编织工艺起源种类繁多，至民国中期已有100余种。中国特有的民间手工编织艺术，以其独特的东方神韵、丰富多彩的变化，充分体现了中国人民的智慧和深厚的文化底蕴。

铜雕·提水小男孩

2002年的岁末年初，坐落于北京东路外滩，久负盛名的上海友谊商店，因外滩源工程改造的需要，该店进行了几番清仓处理活动，我特约了喜欢收藏铜器的挚友谢晨一同前往觅宝，共同如愿收下了这款铜雕"提水小男孩"摆件。

铜雕高27厘米，底座直径11厘米（连座）。原作为法国著名雕塑大师奥古斯特·莫罗（Auguste Moreau）创作（1834-1917）。他是19世纪新艺术运动雕塑家。法国是"新艺术运动"的发源地，新艺术运动明确完全放弃仿制一切传统装饰风格，彻底走向自然风格、强调自然中不存在直线、强调自然中没有完全的平面、在装饰上突出表现曲线、有机形态，而装饰的动机基本来源于自然形态"曲线风格"。莫罗出生于顶尖雕塑世家，父亲Jean Baptiste Moreau，兄弟Hippolyte Moreau和Mathurin Moreau都是非常著名的法国雕塑家。在父兄的艺术熏陶下，奥古斯特开创了自己独特风格，擅于展现孩童的灵动可爱，其多件作品收藏于法国各地博物馆，经常上拍欧洲拍卖会。此件青铜雕塑作品为其代表性的孩童主题雕塑，表现了稚童吃力提水缸的场景。小男孩身体线条流畅，比例完美，通过四肢动作和肌肉起伏生动地表现了水缸的重量感。腰间衣袂飘扬，水从水缸破口倾泻而出，从细节设计情景感与运动感，足见大师的非凡功力。

尽管它是一件高仿制品，但是经常光顾友谊商店的藏友都清楚，友谊商店是一扇涉外服务、展示中华文化的窗口，它本身就如同一件奢侈品，具有历史名店的文化底蕴和气度，代表着精致高端的生活，这里东西虽然比较昂贵，但质量完全可靠。这尊铜雕虽属仿制品，尺寸比原作缩小了近一半，但制作精良，底座专门选择高档花岗岩材料配制，整件作品彰显古朴典雅、俊朗飘逸、风采依旧。

茶宠·仿真干果

　　快过年了，回想起童年时代每逢此时家家户户都会备些红枣、瓜子和花生等年货，这是过年不可或缺的东西，但那时东西少，特别六十年代物资匮乏，每户还要配给供应。可现如今物质丰富，东西到处能买到，这种情形早已淡出了。喜欢收藏的我，年前在"茶香申城"2019上海国际茶产业博览会上，将目光集中在茶宠上。茶宠即指茶人之宠物，顾名思义就是茶水滋养的宠物或品茗时把玩之物，多为紫砂或澄泥烧制的陶质工艺品。我先觅得一件精美的竹制芭蕉叶形干泡茶盘。共长42厘米、宽20厘米，高1.6厘米。做功十分考究，叶面采用斑竹条相拼，酷似芭蕉叶纹，顺滑清晰，色泽光亮，形象逼真；接着我又来到了一家陶艺摊位，选购了不少陶艺仿真干果，当然为过年常备的干果。

　　瓜子（第一排左1）据说每天一把葵花子就能满足人体一天所需的维生素E。对防止细胞衰老，预防成人疾病都有好处。它还能治疗失眠、增强记

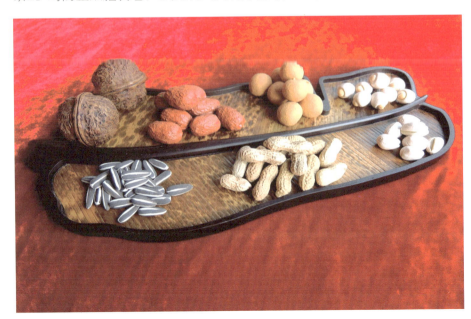

忆的作用。对癌症、高血压和神经衰弱有一定的预防功效；

　　花生（第一排左2）俗称（长生果），它寓意幸福长寿，长生不老，又作为吉祥喜庆的象征，是传统婚礼中必不可少的"利市果"，还寓意儿孙满堂，并预示相爱的人永不分离，象征爱情的完美，生活多姿多彩；

　　开心果（第一排左3）又名必思答，绿仁果。俗称开心果，又名"无名子"。它富含维生素、矿物质和抗氧化元素，具有低脂肪、低卡路里、高纤维的显著特点，是健康的明智选择；

　　大核桃（第二排左1）又称胡桃、羌桃，胡桃科植物。与扁桃、腰果、榛子并称"四大干果"。其仁含有丰富的营养素和人体必需的钙、磷、铁等多种微量元素和矿物质，对人体有益。深受大众喜爱；

　　红枣，（第二排左2）又名大枣，属于被子植物门、枣属植物。其维生素含量非常高，有"天然维生素丸"的美誉，并有滋阴、补阳和补血之功效；

　　桂圆（第二排左3）也叫龙眼，富含葡萄糖、果糖、维生素B1及B2、维生素C、钙、铁、磷等多种营养成分，新鲜的桂圆肉质细嫩、汁多甜蜜、美味可口，适量食用对机体有一定功效；

　　莲芯，（第二排左4）即莲子心。为睡莲科水生草本植物。秋季采收莲子时，将莲子剥开，取出莲心，晒干。有清心火，平肝、止血、固精之功效。

　　这些仿真干果栩栩如生，是过年常见的食品，不仅营养丰富，而且有着美好寓意。例如：核桃有"长寿果""养生之宝"的美誉；花生象征长寿多福，如意平安幸福之意；如果将红枣、花生、桂圆和瓜子，组合在一起，就是"早生贵子"的意思。它们寄托着人们对生活的美好祝愿，体现传统生活中的雅趣，也预示着事业成功，果实累累，传递美好吉祥的寓意。茶宠因茶而生，以茶水来滋养。摊主冯亚明（中国高级工艺美术师）1963年生于陶都宜兴制陶世家，师从叔父紫砂三厂学艺，刻苦钻研陶艺术，在用料上严格掌控把握，造型上不断开拓创新，以多种艺术形态表达其内涵，在漫长的岁月中，经刻苦钻研已形成自己独特的风格。所制作品，古朴大方、简练、细韵，深受顾客喜欢，曾多次参展获奖。

（图片摄影：王　路）

闲趣

　　"笑看风清云淡，闲听花静鸟鸣"，喜欢雅致生活的我，空闲下来钟情于种花养虫，对一些已经退休下来，没有什么理由、托词的人，在条件许可的情况下，投身某种兴趣爱好，做些自己喜欢的事，这是一件无可非议和理所当然的美事。

　　养花是一种修身养性的趣味活动，它能让人体会与自然和谐相处，使老人身心愉悦，从而起到延缓衰老的作用。至于适合老人养的花，我喜欢养一些观叶的植物，常绿、环保、好养，譬如说姬翠竹。姬翠竹也是翠竹的一种，翠竹在日本生长的比较繁多，日本人喜欢称翠竹为姬翠竹。原名青轴力竹，也有称岩竹。它栽培很容易，对土壤要求不高，只是怕干旱，所以它也可以水培。翠竹象征生机勃勃，还有青春永驻、竹报平安、坚强不息等意境。花卉像人一样也有喜怒哀乐等一系列情感变化，所以种养的过程中要细心观察它们的生长情况，并认真做好笔记。在养花的所有环节上，如配土、扦插、浇水、施肥，防治病虫害等都要认真对待，细心操作，不能随心所欲。家里养一些花卉盆栽，不单单可以美化家居环境，还有些植物寓意非常好，在养花的风水上，很适合养在室内。老年人养花、爱花，能激励对生活的热爱，从而消除老年人夕阳西下的迟暮感。南宋诗人陆游晚年在家种花，写诗自娱："芳兰移取偏中村，余地何妨种玉簪，更乞丽丛香百合，老翁七十尚童心。"

　　冬养蝈蝈也充满乐趣，盛蝈蝈用的葫芦也十分讲究。那些葫芦的外表有着相当复杂的花纹图案，这些花纹并非雕刻而成，是通过模子使葫芦在生长的过程中就形成的。在清代也有"官模"、"民模"和"本长"之分。葫芦的构造也非常巧妙，通常在葫芦口内会放置一个盘丝状的铜制线圈，再加上一个有着许多透气孔的盖子，这样一来，蝈蝈在葫芦腹内鸣叫时传出的声音就会更加清脆、优雅。昆虫是地球上最大的动物类群，尽管在它们中有些种类并不讨人喜欢，但还是有不少成员博得了人们的欢心，

正是如此，昆虫的饲养已经开始变得愈来愈重要。万紫千红的春季，那些在花草丛中款款飞舞的蝴蝶，令我们紧绷的神经松弛下来，更好地领悟着生命的绚丽。月明星稀的秋夜，当几声银铃般的蟋蟀鸣叫随风而至时，即使身居闹市，也不难感受到乡间生活的那份安宁……

冬日的阳光洒进阳台上，蝈蝈不停地叫着，细碎的流金在姽嫿竹叶片上柔软地跳跃，显得格外葱翠和温馨。虽然我没有买彩票中大奖的惊喜，也没有抢红包的兴奋，但有个温馨的小天地，对我这个退休的人来说，有份舒心的喜悦，那也作是梦想照进现实了吧！

（图片摄影：张静庵）

《新民晚报》2019年8月7日第19版

骨雕白菜蝈蝈摆件

多年前我出差到北京，任务完成后，专门前往北京友谊商店觅到了一件骨雕蝈蝈白菜摆件。北京骨雕以高贵典雅、庄重大方著称。早在清代，北京制作的骨雕最有特色。北京骨雕以牛骨为原料，制成各种工艺品有的染以彩色。

这件摆件构图简洁明了，一只与真蝈蝈体型同样大小的蝈蝈非常漂亮，眼睛像两颗黑色的宝石，触角细而长，浑身嫩绿，侧面有两条淡白色的丝带，身材优美，苗条匀称，两片大翼轻盈如纱。腹部大、肚子像根嫩黄瓜，它有六条腿，长满了刺，后边的两条腿最长，而且最有力。它伏在 张白菜叶片上，白菜茎部还特意一只鲜艳的小米椒，作品以蝈蝈的瞬间动态和油嫩的小白菜为题材，生动地展现出一动一静、栩栩如生的自然景观和浓郁的田园情趣画面。蝈蝈是昆虫纲，直翅目，螽斯科一些大型鸣虫的通称，个

子较大，外形和蝗虫相像，身体草绿色。它的别名很多，如哥哥、蛞蛞、蛐子等。蝈蝈在中国分布很广，与蟋蟀、油葫芦被称为三大鸣虫。其主要食物是豆类、菜叶、蚂蚱等。公蝈蝈叫声洪亮，深受广大鸣虫爱好者的喜爱。中国人历来视蝈蝈为宠物，宋代人开始畜热养蝈蝈，明代从宫廷到民间养蝈蝈已经较为普遍。明太监若愚在《宫中记》说到皇宫内有两道门以蝈蝈的名字命名,一曰"百代"，一曰"千婴"，这当然是延续了远古时代对蝈蝈的生殖能力的崇拜。到清代掀起了前所未有的蝈蝈潮。

骨雕是一门极为古老的雕刻技艺，其悠久的历史可追溯到旧石器时代。随着历史的变迁，骨雕从日用品逐渐演变为装饰品，我们现在看到的骨雕已是非常精美的工艺品，通过不同的刀法雕出栩栩如生的人物、花鸟等作品。从而带给人一种浑厚质朴且细腻精致之美，将这门古老的技艺推向了巅峰。"蝈蝈白菜"的题材深受大众的喜爱，将二者合一，寓意就更丰富。"蝈蝈白菜"的寓意，于国家而言是：国有万财，国富民强！于个人家庭而言是：家财万贯，多子多福！

《上海收藏家》报2019年4月10日第3版

蝉蜕·生命的华章

　　去年初夏的一个黄昏，我漫步在蝴蝶湾花园发现了河边暗褐色的树干上有两只透明的蝉蜕，喜欢生物的我，小心翼翼地将它们取下装进了牙膏盒子中。蝉蜕即蝉儿的胎衣，它生命中的甲胄、也是羽化后的蜕壳。其形略呈弯曲椭圆形，壳面有光泽，呈透明黄棕色。蝉蜕的过程是个漫长、寂寞、枯燥甚至是个痛苦的过程。蝉的蛹在地下阴暗的土壤里，不断吸食树木根部的液体，作为一个能量积蓄的储存体，准备破蛹而出。大约需要渡过三年或许更长一段时间，然后在某一天黄昏时从洞穴中拱出，攀爬到隐蔽的枝叶间，抓住树杆或树叶上便安静下来了。当蝉蛹的颈背上出现裂缝时，蜕皮就开始了。头部有一对触角，复眼突出。额部先端突出，上唇兔短，下唇伸长成管状。颈背部呈十字形裂开并向内卷曲，腹面有3对足，腹部圆形。蝉蛹的前腿呈勾状，当成虫从空壳中出来时，它便牢牢地挂在树上。蝉将蛹的外壳作为基础，慢慢地自行解脱，就像从一副盔甲中爬出来。整个过程需要一个小时左右。当蝉的上半身获得自由以后，它又倒挂着使其双翼展开。起初，蝉的双翼很软，经过生物风化后展开的双翼就开始变硬了。然后飞向蓝天，实现了它生命中的蜕变，所以麦忙过后，禾苗

初露头角，原野便成蝉的时代了。

为了展示蝉蜕的生动形象，我特意制作了一个实体标本，我将它置于一块长30厘米，宽14厘米，厚1厘米的三叶虫化石板上。三叶虫化石，燕子石，也叫蝙蝠石，学名叫三叶虫化石。三叶虫，属古生节肢动物，属三叶虫纲，生于海底，其种类繁多，大小不一。三叶虫是距今5.6亿年前的寒武纪就出现的最有代表性的远古动物，至二叠纪完全灭绝，前后在地球上生存了3.2亿多年，可见这是一类生命力极强的生物，在漫长的历史长河中其生命演化的纷繁、复杂和精彩。这块化石，是我几年前石展上，从一位沂蒙山产地石农觅来的。将它作为底板，别无它意，主要为了描绘自然生命的规律，烘托环境，增强历史沉淀的厚重感。

蝉，是夏的精灵。万物在热辣的阳光炙烤下，恹恹欲睡，唯独蝉引吭高歌，试图唤醒沉睡的大地，使万物重焕光彩。蝉的幼体成长在黑暗潮湿的土壤里，不甘寂寞，努力储备能量，破壳而出的蝉，因为它明白外面的世界更精彩，需要一双展翅高飞的翅膀，大自然就是生活的舞台，要将有限的生命投入到这个热情、奔放和充满激情的天地里；因为它更懂得使命，活着就该精彩每一天，要放声高歌叙述生命的意义和生命的价值。活着，就该绽放自己的精彩。看着蝉蜕，我突然联想到人生，从婴儿诞生、童年求学、成长发育、青春启帆、跨入职场、涉足社会，人生何尝没有经历蝉蜕？蝉通过蜕变，迎来了生命的繁衍和生命的辉煌阶段，与我们人生何其相似乃尔呢？也给了我很大的人生启迪。人生在世，不如意之事在所难免，当我们为生活的琐事而烦恼、为人情世故而着急、为幸福婚姻而困惑、为郁闷的心情而沮丧、为颓废的生活而绝望之时……我们要像蝉那样，不惧困难，对生命的价值绝不轻言放弃，慷慨高歌、扑扑翅膀飞翔蓝天，因为海阔天空，总有我们歇息安生的地方。认真面对生命的蝉蜕，经过努力完成生命的重大转折和飞跃，实现生命的再生和凤凰涅槃，谱写出新的生命华章。著名诗人泰戈尔曾说，天空也许不记得翅膀的痕迹，但我们曾飞翔过。恰如蝉，夏过无痕。当阳光最饱满的时候，它以自己特有的热情，努力的绽放，唱出了生命的精彩！

（图片摄影：王 路）

《新民晚报》2019年5月8日第19版

棕编昆虫

  2019（第五届）上海国际手造博览会上，我被"非物质文化遗产"棕编艺术摊位深深地吸引了，展台上昂首挺胸的公鸡，吐着信子的蟒蛇，展翅欲飞的仙鹤，还有蜻蜓、蚱蜢、青蛙、虾、蜈蚣、龟、金鱼、孔雀……等形态各异、栩栩如生的"动物"，让人误以为进入了一个奇妙的袖珍动物园，经过观察，我挑选了三件逼真有趣的昆虫棕编。

  蜘蛛（图右1），节肢动物门、蛛形纲、蜘蛛目。对其褒贬不一，但总其而言仍归益虫。体长从0.5厘米～6厘米不等。身体分头胸部和腹部。头胸部前端通常有8个单眼，步足4对，其种类繁多，分布较广，适应性强，能生活在土表、树上、草间、石下、洞穴、水边、灌木中、房舍内外。总之，在水陆空都有它的踪影。

  蝉，（图右2）又名知了，为同翅目蝉科，约2000余种。体长2～5厘米，有两对膜翅，复眼突出，单眼3个。蝉在中国古代被喻复活和永生，这个象

征意义来自于其生命周期；由于认为蝉以露水为生，因此它又是纯洁的象征；自古以来，人们对蝉最感兴趣的是莫过于其鸣声，被文人墨客赞誉、抒发高洁的情怀。

蜜蜂，（图右3）属膜翅目、蜜蜂科。体长为8～20毫米，黄、黑褐色，身有密毛。头与胸几乎同样宽。触角膝状，复眼，口器嚼吸式，后足为携粉足。两对翅，前大后小，腹部椭圆形，末端有螯针。是一种有益的昆虫，专为农作物传粉。蜂蜜，一种天然的营养滋补品。

其实，棕编已有1700多年的历史了，被中国文化部誉为"中国民间绝"，主要流传于长江流域。相传明代君王朱元璋小时放牛割草，也曾穿过"蓑衣"；清代嘉庆年间(1796-1820)，新繁农妇用棕叶编制拖鞋、凉鞋，至1850年，逐步形成专门行业；二十世纪初棕编凉帽在四川等地开始流行，到30、40年代，棕编业发达昌盛，可见人们利用棕制品的历史已久。棕编虽是门小手艺，看起来很简单，做起来却十分复杂，要将一片普通的棕榈叶变成各种小动物，必须经过选材、分叶、编织等多道工序，通过穿、插、扣、拉等方法，能编出蜻蜓、蝴蝶、蚂蚱、仙鹤及十二生肖等各种动物。当然除了需要奇思妙构外，最重要的是还要有一双慧心巧手。

摊主叫马冬兰，江苏盐城人，出生于一个棕编世家。2013年，她被上海大学艺术创意中心聘为"特邀非遗傅承人"执教三年，本人许多作品得到了国内外专家肯定、好评。并曾赴马来西亚、泰国和新加坡等十多个东南亚国家举办展览。她从事棕编工艺四十多年，现为中国工艺美术协会特艺专委会、上海市非遗协会会员。在本次展会上，她还当场作了表演，以一把小剪刀，几片棕榈叶，经过撕、拉、传、刺等手法，瞬间在她的指尖变成了蜻蜓、蜘蛛、蝎子等动物，与真的相比，其相似度达到了令人咂舌的地步，让人感悟：手造工艺，正作为一种生活美学重新兴起，中国民间非遗手工技艺，真是精彩纷呈、美妙无比。

《新民晚报》2020年6月3日第19版

铜八仙药勺

　　前年秋，几位藏友赴约苏州文庙古玩市场，在一家店铺内，有幸觅得了这套纯铜八仙药勺，它为正宗实心铜八仙过海手把件古玩铜器。

　　铜八仙药勺长9.5厘米。八仙过海是一种流传最广的中国民间传说。八仙分别为汉钟离、张果老、韩湘子、铁拐李、吕洞宾、何仙姑、蓝采和及曹国舅。在传说中，八仙各有不同的法器，铁拐李有铁杖及葫芦，汉钟离有芭蕉扇，张果老有纸叠驴，蓝采和有花篮，何仙姑有莲花，吕洞宾有长剑，韩湘子有横笛，曹国舅有玉版。八仙过海是精彩的八仙故事之一，其生动的记述见于明吴元泰之《东游记》。该书写八位神仙人物好打抱不平，惩恶扬善。有一天，他们一起到了东海，只见潮头汹涌，巨浪惊人。吕洞宾建议各以一物投于水面，以显"神通"而过。其他诸位仙人都响应吕洞宾的建议，将随身法宝投于水面，然后立于法宝之上，乘风逐浪而渡。后来，人们把这个掌故用来比喻那些依靠自己的特别能力而创造奇迹的事。这个掌故同时还告诉我们，每一个人的本领虽然有不同，但是我们要充分发挥自己的主观能动性，用自己的本能做好事，才能显示自己的本领有用之处。

　　这套纯铜八仙药勺，为清晚期制作。东西虽小，工艺精湛，小中见大，包浆好，整套齐全。

（图片摄影：张静庵）

一件珍贵的母校雕塑模型

　　多年前的一个下午，岚灵地摊集市我惊喜地发现了这件不同寻常的宝贝。她真是我的母校——民立中学百年校庆建筑模型。

　　这件建筑模型，长18厘米，宽14.5厘米，高12.8厘米（连座）是仿制的建筑模型。手捧模型思绪万千，时过境迁，又复忘怀。那是一座具有典型的欧洲城堡式花园住宅和巴洛克式风格的三层建筑。（相仿格局建筑有两幢，西楼因年久失修已拆除）1965年我高中考入就读的校舍。顶层有五个教室，我的高一（3）班是在左侧凹进去第二间教室（两扇窗部位）。其实它不是窗，而是两扇落地门，门前是一条狭长的露台，地方不大但课余时间常成为同学休息放松的地方。我和同学董伟国是班级板报的爱好者，左侧高二（1）班，有两位学长是我们的仰慕者，一位带有艺术家风范的李祖侃，写得一手漂亮的美术字，尤其是他独特的实心艺术字，让我钦佩，我的美术字主要是受他的启发而学来的；还有一位和蔼可亲的董之一，喜欢画漫画，但画出来的人与他非常相似，都是身体胖胖的、脸是圆圆的。露台有时成了我们有着共同兴趣爱好者的闲谈、切磋交流板报内容的平台……

　　关于这幢大楼，还有件小故事。2004年2月25日，新学期伊始，学校还沉浸在刚过去的"1903—2003百年华诞"喜庆气氛之际。一封来自美国华盛顿的信，被送到了校长办公室，它是时任美国国务卿鲍威尔先生的亲笔

贺信。原来2001年10月，鲍威尔在参加APEC会议的最后一天，由使馆人员陪同漫步到威海路412号时，被一座高墙深院内的欧洲城堡式建筑深深吸引了，征得同意后他走进了民立中学，在东大楼前长时间驻足欣赏，留下了深刻的印象。之后校长在校庆之际专门委托在美国工作的校友向鲍威尔赠送了这份校庆建筑模型纪念品。鲍威尔收到礼物后亲笔回信："陈校长，非常感谢您送给我的礼物。贵校的建筑模型很可爱，VCD纪念光盘资料很丰富，你们想得真周到。这些礼物，又使我回想起访问贵校的那次愉快经历。在民立中学一百周年校庆的时候，我衷心祝愿您和贵校全体师生节日愉快，取得更大的进步。"贺信热情洋溢，表达了鲍威尔先生对民立中学的美好记忆和诚挚祝福。

这幢已列入"上海市优秀历史建筑"的大楼，被行家们称之为艺术品，映衬着该校悠久的历史文化底蕴。为保护这栋老宅，配合南京西路商圈改造的"兴业太古汇"工程，在2010年，将其整体平移57米到威海路上，整个工程历时半年，为国内平移面积最大的砖木结构建筑，被誉为"中华砖木老建筑第一移"。民立中学由祖籍福建的上海望族苏氏兄弟秉承父辈"教育救国"的遗愿和"为民而立"的办学宗旨，于1903年（清光绪二十九年）创办的。自此，这方育人的沃土成为诸多名家大师的人生驿站，诸多先驱志士、文化名流、科技精英启航的港湾，为国家培养了大批饮誉海内外的英才。原中顾委委员、中纪委书记李昌，中国科学院叶培大、吴建屏和徐秉汉院士；著名作家周瘦鹃在这里发表处女作——《爱之花》；殷夫在这里开始他的诗歌创作和革命活动；戏剧艺术家魏启明、香港实业家邵逸夫，原国家游泳队总教练陈运鹏，亚洲游泳王子沈坚强，奥运冠军乐靖宜，著名中共党史研究员"一大纪念馆"老馆长倪兴祥等曾在民立求学。以"治学严谨，讲求实用，文科好，尤以英文见长"著称于沪。百年民立，薪火相传，成为一所比较知名的学校。

民立中学校庆建筑模型，是由著名雕塑家周荷生先生(现已故)设计制作的（我国赠送联合国的《世纪宝鼎》庆贺香港回归的《香港宝鼎》的设计者）。他曾是上海交通大学艺术系教授、曾任上海工艺美术学校校长等职。这件精致漂亮的建筑模型，被我一名阔别了母校的近50年的收藏爱好者见到，真是意料之外情理之中的乐事，同时让我深深感悟：索取，刻意追求未必得到，缘分，执著坚持不期而遇；"民间收藏"知识宝藏，持之以恒，乐趣无常！

（图片摄影：王 路）

《新民晚报》2019年7月10日第19版

琉璃·螳螂

去年底藏宝楼因改建在关闭前，我匆匆赶去觅宝，结果在二楼小铺如意得到这对栩栩如生的琉璃螳螂。它形体大小同自然界中的螳螂相同，长9厘米，高4.5厘米，宽3厘米。是琉璃制作的。螳螂浑身碧绿，它的头呈倒三角形，两侧有一对圆溜溜的腹眼，翅膀是椭圆形的，盖住软软的腹部，张开竖起来时就像船帆一样，它的胸脯上长着二对足和一对让人望而却步，可以割伤人的大镰刀，这对威武的大刀，时常挥舞着，像一个威风凛凛的大将军，因它常常高举在胸前，像在祈祷，所以欧洲人给他取名叫祈祷的昆虫。

琉璃亦作"瑠璃"。琉璃是在1400多摄氏度的高温下烧制而成，经过十多道手工工艺的精修细磨，整个过程纯为手工制作，在高温1000℃以上的火炉上将水晶琉璃母石熔化后而自然凝聚成高贵华丽、天工自拙的琉璃。其色彩流云漓彩、美轮美奂；品质晶莹剔透、光彩夺目。螳螂天生就

有着一副娴美而且优雅的身材。不仅如此，它还拥有另外一种独特的东西，那便是生长在它的前足上的那对极具杀伤力，并且极富进攻性的冲杀、防御的武器。而它的这种身材和它这对武器之间的差异，简直是太大了，太明显了，真让人难以相信，它是一种温存与残忍并存的小动物。见过螳螂的人，都会十分清楚地发现，它的纤细的腰部非常的长。不光是很长，还特别的有力呢。与它的长腰相比，螳螂的大腿要更长一些。而且，它的大腿下面还生长着两排十分锋利的像锯齿一样的东西。在这两排尖利的锯齿的后面，还生长着一些大齿，共有三个。总之，螳螂的大腿简直就是两排刀口的锯齿。当螳螂想要把腿折叠起来的时候，它就可以把两条腿分别收放在这两排锯齿的中间，这样是很安全的，不至于自己伤到自己。如果说螳螂的大腿像是两排刀口的锯齿的话，那么它的小腿可以说是两排刀口的锯子。生长在小腿上的锯齿要比长在大腿上的多很多。而且，小腿上的锯齿和大腿上的有一些不太相同的地方。小腿锯齿的末端还生长着尖而锐的很硬的钩子，这些小钩子就像金针一样。除此以外，锯齿上还长着一把有着双面刀的刀，就好像那种成弯曲状的修理各种花枝用的剪刀一样

中国琉璃是古代传统文化与现代艺术的完美结合，其流光溢彩、变幻瑰丽，是东方人的细腻、精致和含蓄体现，更是情感交流与睿智艺术的融会。琉璃螳螂的觅得，实属是一件难得的珍品。

（图片摄影：王　路）

《新民晚报》2020年6月17日第21版

歙砚《望月怀远》

多年前在婺源的熹园作为国家文化产业和非遗文化示范基地、国内最大的歙砚大观园"朱子·艺苑"收下了这方歙砚，全称歙州砚，中国四大名砚之一，与甘肃洮砚、广东端砚、黄河澄泥砚齐名。产于安徽黄山山脉与天目山、白际山之间的歙州，包括歙县、休宁、祁门、黟县、婺源等县。以婺源与歙县交界处的龙尾山(罗纹山)下溪涧为最优，所以歙砚又称龙尾砚，具有很高的历史文化价值。

此款"望月怀远"歙砚，长36厘米，宽23.5厘米，高4厘米。为江西省工艺美术师程礼徽操刀镌刻的一方歙砚。作品以浮雕、浅浮雕、半圆雕等技法，生动表达了唐代诗人张九龄创作的一首《望月怀远》月夜怀念远人的五言古诗。画面简洁明了，一轮明月当空高照，诗人孤身站在船首举头望月，这是作者在离乡时，望月而思念远方亲人而写的。起句"海上生明月"意境雄浑阔大，是千古佳句。全诗抒写了对远方亲人的思念之情和对远方亲人的一片深情。语言自然浑成而不露痕迹，情意缠绵而不见感伤，

意境幽静秀丽，构思巧妙，情景交融、细腻入微，感人至深。

歙砚石色如碧玉，又具有不吸水、不拒墨、不损毫、贮水不涸、易洗涤等特点，享有"孩儿面"、"美人肤"之称，深受历代文人和书画家赞美。大书法家米芾在《砚史》中就盛赞歙砚"金星宋砚，其质坚丽，呵气生云，贮水不涸，墨水于纸，鲜艳夺目，数十年后，光泽如初"。宋代文学家欧阳修也在《砚谱》中赞誉歙砚"龙尾远出端溪上"，认为歙砚胜过端砚。南唐后主李煜称"澄心堂纸、李廷珪墨、龙尾砚三者为天下之冠"。苏东坡求得龙尾砚特作《龙尾砚歌》，并写了《眉子砚歌》等诗文。他的《孔毅甫龙尾石砚铭》对龙尾砚见解精辟："涩不留笔，滑不拒墨，瓜肤而毂理，金声而玉德。"他的弟弟苏辙赞龙尾石"声如铜，色如铁。性坚滑，善凝墨"。诗人、书法家黄庭坚曾到龙尾山一游，写下了《砚山行》"不轻不燥禀天然、重实温润如君子。日辉灿灿飞金星，碧云色碧端州紫"。

歙砚其石质优良，色泽曼妙，莹润细密，有"坚、润、柔、健、细、腻、沾、美"八德。嫩而坚，砚材纹理细密，兼具坚、润之质，有涩不留笔、滑不拒墨的特点，扣之有声，抚之若肤，磨之如锋，宜于发墨，长久使用，砚上残墨陈垢，入水一濯即莹洁，焕然如新。名声斐然，所以被誉为"石冠群山"、"砚国名珠"。

（图片摄影·于 路）

台砚《望月怀古》

　　台砚全称五台山砚，又称段砚，因取石料于文山，又名文山石砚。是一种传统手工艺品。因产自山西五台山而得名。由于对生产砚石山脉名称叫法不同和行政区划的变动，台砚又有段砚、凤砚和崞砚等不同的名称。清朝时的按察司金事曾经写过一篇赞扬崞砚的《崞砚铭》，但由于五台山的名声大，使台砚之称留传下来。

　　该砚长31厘米，宽23.5厘米，高4厘米。主题"但愿人长久，千里共婵娟"画面表现了当年的苏轼和他的弟弟苏辙已经四年没见面了，有一种苦闷在心头。中秋是我国的传统节日，这天的月亮最大最圆。人们把它作为合家团圆的象征。晚上当月明空，苏轼喝了一夜的酒。趁着酒兴。挥毫写下了这不朽的名句。反映了官场失意的词人不道凄凉语，反说只要大家都健康地活着。虽然人隔千里。照耀我们的还是同一个月亮。不仅表现了作者乐观开朗的生活态度。而且借月说事。与中秋的背景非常吻合。可谓情景交融。台砚与广东肇庆的端砚、江西婺源的歙砚齐名。三者相比，各有千秋。端砚石料产于肇庆市东郊的端溪水旁，歙砚石料产于婺源县的一条注入鄱阳湖的乐安江支流上。这两个地方谷幽源深，雾迷气漫，砚石多在水中浸润。台砚石料则来源于五台山西麓的文山上。这里北风凛冽，天寒地冻，砚石常为冰雪覆盖。由于这样的原因，所以砚石的质地差别很大。台砚的石纹像傲霜的松枝和柏叶，而端砚、歙砚的石纹像纤萝和水藻；台砚凉如冰，质地细密而硬朗，而端、歙砚润如玉，质地温较而嫩柔，台砚摩之无潮气，而端、歙砚握之稍久，便掌中水滋；台砚石或黑或绿，或红或紫，一色纯净，便于随意雕琢，而端、歙砚石如数色隐泻，又有石核在其间，便于因材施艺，随核构图；三者的上品，又都具有质刚而柔，扣之无声，细腻不滑的特点。但是，因台砚的石质具有上述的优点，所以发墨快，水墨交融得好，汁不易干，起墨益毫，挥洒起来，浓淡相宜，得心应

手，历来为文人墨客所钟爱。

苏轼的《水调歌头》，希望自己思念的人平安长久，不管相隔千山万水，都可以一起看到明月皎洁美好的样子。这句话常用于表达对远方亲人朋友的思念之情以及美好祝愿，台砚《望月怀古》就是一方表达其主题的好砚。

(图片摄影：王 路)

徐公砚

　　砚为文房四宝之一，以笔蘸墨写字，笔、墨、砚三者密不可分。砚之起源甚早，大概在殷商初期，笔墨砚就已粗见雏形。徐公砚是传统手工艺品，产自山东沂南。属于鲁砚中的重要品种。早在唐宋时期即负盛名。唐代颜真卿、柳公权，宋代欧阳修、苏轼、米芾等名人，在其有关著述中都曾作过介绍和品评，而且评价甚高。

　　此方徐公砚长35厘米，宽23.5厘米，高4厘米。属玄武层，储量丰富。其石质坚硬，密度极高。叩之清脆，其声如磬，下墨如挫，发墨如油，色泽鲜润，且不损毫，堪称砚石材中之上品。此石多为天然的独立块体，千姿百态，形状奇特，无一雷同。经千百年风化水沁，石的周边成参差凹凹状，并有细石乳，更显天然灵气。石纹纵横交错，若云似浪，富变幻，有韵律。石彩丰富绚丽，天趣盎然。有的如朝霞满天，有的如微波余动，有的如山雨欲来，有的如乌云翻腾，有的如沉静秋水，有的如细波潋滟，千

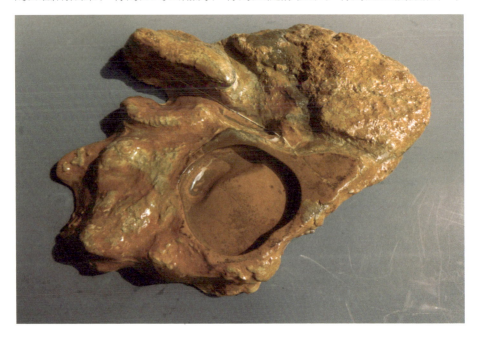

变万化，神秘莫测，若隐若现，形态奇异。每方砚的四周可见自然风化水蚀纹理，独立成形，自然成块，无一雷同,造型占朴，意境归真，被誉为"中华第一自然砚"

"一拳之石见岱岳，一勺之水显沧海。方寸之池闻涛声，笔墨丹青终不离"徐公砚，神韵天成、各具形态、自然成趣。砚石独立成块，四周边缘有可见亿万年风化水蚀的纹理，美在自然、巧夺天工，其形各异、千姿百态，天下无一雷同。徐公石属于自然造化之物，将墨汁注入其中，一昼夜不渗不干，且在-4℃时不结冰，与墨相亲，下墨如锉，发墨如油，色泽鲜润，且不损毫，堪称砚石中的上品。

此方徐公砚能在方寸之间，包卷八荒，具有万嶂承宇、浩然气象的山形景观石，不愧为一方神奇壮美的自然砚。

（图片摄影：王 路）

汉画像石《车马出行图》

汉画像石是中国古代文化遗产中的瑰宝，是汉代大多没有留下名字的民间艺人雕刻在墓室、棺椁、墓祠、墓阙上的以石为地、以刀代笔的石刻艺术品。徐州是中国的汉画像石集中分布地之一，徐州汉画像石艺术馆，位于云龙湖湖东路，背倚云龙山。是收藏、陈列、研究汉画像石的专题性博物馆。占地一万平方米，到目前为止，馆藏汉画像石共计1501块，由当代艺术大师李可染先生题写馆牌，于1989年10月1日建成并放。

三年前，有幸觅得一方汉画像石《车马出行图》。此方汉画像石长20厘米，宽11.5厘米，厚0.5厘米。画面雕刻浑厚有力、画风质朴简洁，具有很高的艺术欣赏价值。雕刻技法有阴线刻、浅浮雕两种。线刻细腻真切，有阴柔之丽，浮雕浑雄苍健，有阳刚之美。汉画像石丰富的内容，真实地再现了汉代政治、经济、文化、信仰等各个方面；精美的雕刻，使它在中国美术中占有重要的位置。形象生动的画面犹如置身于瑰丽的历史画廊之中，能给您带来知识的启迪，艺术的享受。《车马出行图》是记录汉代社

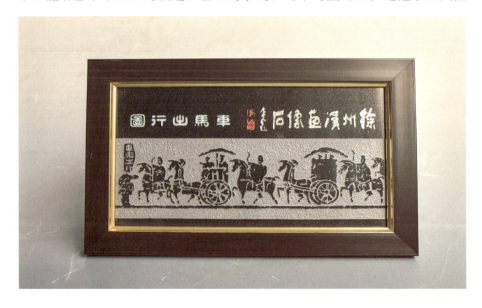

会的"百科全书"的一部分，具有极其丰富的文化艺术信息。据目前出土发掘的车马出行图大多呈现"战争"、"狩猎"、"出行"等题材。有的车马过桥有"升天"等文化寓意。绘制车马出行图壁画是东汉墓葬墓室最为显著的特征之一，也是东汉盛行厚葬观的重要体现。壁画的绘制与墓主人生前交流、活动有着密切的关联。从全国范围出土的墓室壁画研究得出，主要体现车马出行图的有墓室壁画、汉画像石、汉画像砖上，在全国各地均有发现。

汉画像石是中华民族的文化瑰宝，是中国古典艺术发展的高峰，在中国艺术史上占有承前启后的重要地位，对汉代以后的艺术也产生了深远的影响；它通过一幅幅生动的画面形象地再现了汉代政治、经济、军事、文化艺术与社会生活等各个方面，是两汉文化乃至中华文明最生动的图像见证，因此被誉为"石上春秋"和"石上史诗"。

（图片摄影：土 路）

三叶虫化石笔筒

　　俗名称燕子石，也叫蝙蝠石，学名叫三叶虫化石。属古生节肢动物，属三叶虫纲，生于海底，其种类繁多，大小不一，从一厘米至一米，生于寒武纪(5.7亿年)，至奥陶纪(4.5亿年)最盛，灭绝于二叠纪末期(2.52亿年前)。

　　三叶虫石面的笔筒和圆石镜摆件。长19.5厘米，高13厘米，宽6厘米。沧桑巨变，无情的大自然将它们镶嵌在了灰黄色的石板上，由于它们保留了生命最后瞬间动人的姿态。如采花的蜜蜂，似寻芳的蝴蝶，像翱翔的海燕，又像穿柳的春燕，所以人们便形象地将这种石头称为"燕子石"。燕子石可精工制作成砚台、镇纸、笔架、印泥盒等文房诸宝，以及屏风、花瓶、扇面等工艺装饰品，燕子石工艺品可作为办公摆设，家居装饰，高档礼品，纪念品，收藏品以及满足于商界等社会各界的交际需求。因其造型古朴大方，格调清新高雅，天趣自然，高贵典雅，随形而就，形艺结合，

确有独特风韵，人们称其为"难得的天然艺术珍品"，深得一些书法、艺术、商界、知识界等高品味人士所赏识，成为人们馈赠亲友的佳品。用燕子石制砚，姿质嫩润，抚之如婴肤，扣之如钟磬，墨泼而不损毫。用它制做文房诸宝及摆件也无不古雅多趣，妙不可言。

清乾隆皇帝御制《西清砚谱》，将其墨砚列为众砚之首，末代皇帝溥仪之弟溥杰观赏了燕子石，欣然提笔写下了"中国三叶虫化石珍品"的墨宝。燕子石艺术品还多次被选为国家礼品馈赠国际友人。日本前首相中曾根访华时，中国领导人曾赠送给他一件燕子石工艺品。当代著名书法家欧阳中石有诗赞赏道："五亿年前古，翩翩燕子飞，奇珍天下宝，史迹还依稀"。著名画家、书法家范曾对燕子石工艺品曾题诗一首，诗曰："化石峥嵘亿年沉，纷纷燕子入残痕。轰然地裂无边火，铸就浑沌万古魂。"著名书法家舒同题词"天趣"，武中奇题词"妙品"，赞誉产品的高雅、奇物、名贵。

如今燕子石产地商家利用当地资源，结合现代科技生产融自然美和人工美为一体的艺术珍品，成为艺苑中的一枝奇葩，充分体现了燕子石本身具有的地久天长、喜庆吉祥的深刻寓意，打造了天人合一，臻于完美的艺术世界，让我们可以享受到这种化石的艺术魅力。

（图片摄影：王 路）

寿山石雕·龙凤扁壶

　　芙蓉石天生丽质，雍容华贵，微透明而似玉非玉，手感特别好。前人形容其"如脂如膏如腴"、"拂之有痕"，这是人们对芙蓉石的赞誉和崇拜。寿山石是中华瑰宝，而芙蓉石又为该石中佳品，它产于福建福州。芙蓉石其石质晶莹、脂润、色彩斑斓，色泽浑然天成，色界分明，以色深为佳，桃红色越深越好。多年前在华宝楼觅得的一款芙蓉石雕龙凤扁壶便是一例。

　　该壶高11.5厘米、长14厘米、宽4厘米，构思巧妙，造型独特，呈龙凤呈祥造型。以凤头作壶嘴，龙头作壶把，从此壶的外表来看，便可见老师高超的技艺和细腻的手法。此壶一看便觉有大气之风，上下收敛，而壶腹如鼓圆润，呼应主题又具趣味性，且两者制作形象又逼真，而壶钮的设计亦是独特之处，壶钮为一仿古龙形，置于壶嘴与壶把之间，可谓妙趣横生，壶的上身以如意图案饰之，又有吉祥之意。龙与凤的结合自古以来便

是艺术家所钟情的，将刻绘艺术与传统的制壶工艺相交融，两种不同的手法浑然一体，分合有度，给壶增添了艺术气息，如意装饰的出现，犹如富贵又吉祥的美意，提升了此壶的观赏性，龙凤呈祥指吉利喜庆的事。在中国传统观念中，龙和凤代表着吉祥如意，龙凤一起使用多表示喜庆之事。从传统的寓意来说，龙有喜水、好飞、通天、善变、灵异、征瑞、兆祸、示威等神性。凤有喜火、向阳、秉德、兆瑞、崇高、尚洁、示美、喻情等神性。神性的互补和对应，使龙和凤走到了一起：一个是众兽之君，一个是百鸟之王；一个变化飞腾而灵异，一个高雅美善而祥瑞；两者之间美好的互助合作关系建立起来，便"龙凤呈祥"了。"龙凤呈祥"吉祥物寓意着会带来一派祥和之气。壶体天圆地方制作，壶盖呈圆形，壶底为方形圆有柔和圆满之美，方有工整方正之美，圆和方，体现了刚与柔的完美结合。圆方互容，儒道互补，构成了中国传统文化的主体精神。

总之，寿山石雕龙凤扁壶不仅材质优良、构思巧妙、制作精良，而且器型大方、造型优美、含意深刻，不愧为是一把难得的好壶。

（图片摄影：王 路）

水洞高山·童子戏弥勒

　　这是一件水洞高山石"童子戏弥勒"寿山石佛摆件。水洞高山晶莹、通透灵秀，光而通明，纯澈无瑕，色、相、质皆一绝。因为它的质地、通透而色艳，石质凝结，通灵温润，讨人喜欢。

　　摆件高7.5厘米，长4.5厘米，厚2.5厘米，取材正宗天然高山水洞寿山石精工圆雕而成，整体线条清晰。大肚弥勒立相，袒胸露腹，手托宝珠，大耳垂肩，面容造型饱满，笑颜大开，衣物纹饰精美流畅，布局合理，神态自然，线条优美。一副喜眉乐眼，笑口常开憨态可掬的姿态。左右两个童子开脸清晰，人物五官精致，依伏围绕在弥勒其身侧正在顽皮嬉戏，尽显活泼灵动，纯具可爱，老少欢娱之间大小透着温情，将两者互动的情态、神情、动势表现得极为传神，神态自然，可谓福相满满，童子戏弥勒乃为皆大欢喜之意，寓意喜笑颜开，佳好福禄八方自来。石质优良显见萝卜丝纹，冻质感极强，整体包浆浑厚，为独具匠心之作。整件作品清朗雅净，褪去了尘俗与火气，洋溢着佛性的欢喜、明朗。顶级寿山猪油白高山冻，这种料子非常难得，结晶性，油润老结，色彩洁白如玉，实物很纯净，做工精美，相当珍贵，值得收藏；数年来经手过几个已经是福分，品相完美，寓意深刻，非常难得，其石质细腻犹如女人肌肤，色泽艳丽，非常华丽，历来受到文人墨客和藏家的喜爱而争相收藏，观之让人心生喜悦，忘记烦恼。福州的寿山石雕至今已有1500多年历史。寿山石雕的表现技法主要有圆雕、浮雕、矮雕、薄意、印钮、镂空和镶嵌等。刻艺讲究"相石取巧"，即根据石料的形状、色彩特点进行构思，因势造型，因材施艺，使宝石的自然色相和奥妙神工浑然一体，巧夺天工。

　　该摆件弥勒佛表情富态，童子满脸微笑，是一款吉祥如意的寿山石摆件。寓意，送子送福。精美石雕，石质温润细腻，雕刻童子戏弥勒表达一种人生禅学：大度能容天下事，笑口看破古今愁！整器喜气可人，运刀流畅，将弥勒憨厚的形象刻画得淋漓尽致，是一件十分精致的文房摆件。

水洞高山·布袋弥勒

　　寿山石白高山水冻，这种料子非常难得，结晶性、油润老结、色彩洁白如玉，实物很纯净，做工精美，相当珍贵，多年前获得已是福分，凝腻微温，手感温润，久而久之更是爱不释手，品相完美，寓意深刻，非常难得，其石质细腻,色泽通透，相当华丽，历来受到文人墨客和藏家的喜爱。

　　该件高5.5厘米，长5厘米，厚2.5厘米。弥勒光头方面，宽额丰颐，大耳垂肩，面部笑颜展露，笑容憨态可掬，昂首欲言之态，衣襟大敞，袒胸露乳。真个是横额方面相，肩圆腹满身躯胖，笑容满脸喜盈盈，皆大欢喜、皆大吉祥、十分可人。此作品雕工逼真传神，开脸精彩，充满喜乐圆融之象，质地温润细腻，通体散发凝脂的光泽，品相完美，质感上佳。此弥勒身背布袋，坦胸露乳，大腹便便，憨态可掬。这枚高山水冻石形饱满，色泽清艳，造型时虽处处顺应石形，弥勒躯体的比例却极为符合正常的人体构造，弥勒左手背到身后，右手自然伸展下垂，故而左肩有隆起之感，而右肩微窄而斜垂，这一细节体现了作者在塑造传统神佛人物时，比较讲究写实的手法，对人体结构的掌握相当精准。而弥勒咧嘴大笑时的面部肌肉起伏，以及五官的连带变化，也同样活灵活现；此外，佛珠的串连、腰带的系结、衣褶的流动，也雕琢得一丝不苟，充满了细节的魅力。弥勒形象来源于传说中的布袋和尚，五代时浙江奉化人，原名契化，形体肥胖，面带笑容常口念偈语："弥勒真弥勒，时人皆不识"，后来成为民间不可缺少的神祇信仰。寿山石雕，因选材于福州市北寿山石质地脂润，色彩斑斓，性坚而韧，非常适宜雕刻，历来为雕刻家所钟爱。寿山石雕的表现技法主要有圆雕、浮雕、矮雕、薄意、印钮、镂空和镶嵌等。刻艺讲究"相石取巧"，即根据石料的形状、色彩特点进行构思，因势造型，因材施艺，使宝石的自然色相和奥妙神工浑然一体，巧夺天工。色彩明亮鲜艳，质地莹透，手感油凝。

　　整件作品晶莹剔透，弥勒身形俱佳，神态生动，衣襟长飘，落摆自

然，衬托出别开生面的欢喜神情。"大肚能容天下难容之事，笑口常开笑天下可笑之人"，石不能言最可人。

六合吉祥景泰蓝瓶

　　景泰蓝，又名"铜胎掐丝珐琅"，是一种瓷铜结合的独特工艺品。制作时先用铜制胎，接着艺匠上面作画，再用铜丝在铜胎上根据所画的图案粘出相应的花纹，然后用色彩不同的珐琅釉料镶嵌在图案中，最后再经反复烧结，磨光镀金而成。景泰蓝的制作既运用了青铜和瓷器工艺、又融入了传统手工绘画和雕刻技艺，堪称中国传统工艺的集大成者。

　　该瓶高26厘米，口径8.1厘米，胸径19厘米，底径12.8厘米。器型呈长颈、喇叭口、鼓腹、撇足，以盛开"宝、仙"之意的宝相花纹样装饰，谓六合吉祥景泰蓝瓶。宝相花又称宝仙花、宝莲花，传统吉祥纹样之一，是吉祥三宝（宝相花、摇钱树、聚宝盆）之一，为中国传统吉祥纹样，盛行于中国隋唐时期。纹饰以佛教圣物宝相花为主题，中间镶嵌祥瑞花叶，瑞气蔓延，福运萦绕。设色采用佛教艺术的退晕方法，以浅套深逐层变化，造型则用多面对称放射状的格式。两侧以突出的龙头装饰，华美中不失威严，整体吉祥庄严、富丽华美。宝相铸身，招祥纳瑞，圣洁纯粹，凝聚经典。所谓宝相是佛教徒对佛像的尊称，宝相花则是圣洁、端庄、美观的理想花形。相传它是一种寓有"宝"、"仙"之意的装饰图案。宝相花纹饰构成，集中了莲花、牡丹、菊花的特征，中间镶嵌着形状不同，大小粗细有别的其他花叶组成。尤其在花芯和花瓣基部，用圆珠作规则排列，像闪闪发光的宝珠，加以多层次退晕色，显得富丽、珍贵，是圣洁、端庄、美观的理想花形。从而使装饰效果更加富丽堂皇。宝相花代表圣洁端庄、吉祥美满。工艺大师在创作过程中极尽心力，将宝相花和景泰蓝完美结合，既有整体感又具艺术感，是景泰蓝中的又一经典之笔。

　　景泰蓝是我国金属工艺品中的重要品种。制造历史可追溯到元朝。明代景泰年间（1450年–1456年）最为盛行，又因当时多用蓝色，故名景泰蓝。景泰蓝以紫铜作坯，制成各种造型，再用金线或铜丝掐成各种花，中充珐琅釉，经烧制、磨光、镀金等工序制成。景泰蓝造型特异，制作精美，图案庄重，色彩富丽，金碧辉煌，具有鲜明的民族特色，是我国传统出口工

艺品。景泰蓝作为一种美术工艺品，其制法即于铜器表面上以各色珐琅质涂成花纹，花纹的四周嵌以铜丝或金银丝，再用高火度烧即成。现在景泰蓝已变为一种工艺的名称，而不是颜色的名称，据说景泰为宣德之子，宣德重视铜器以及铸冶铜质，景泰在幼年期间耳濡目染，认识极详，且嗜之极深，只是对于铸炼方面，宣德已到达绝顶，没有能力再求突破，就在颜色方面另别辟蹊径，以图出奇制胜，终于有景泰蓝的创制。它以典雅雄浑的造型、繁富的纹样、清丽庄重的色彩著称，给人以圆润坚实、细腻工整、金碧辉煌、繁花似锦的艺术感受，成为驰名世界的传统手工艺品。2006被国家列为第一批非物质文化遗产，因其精美，被誉为"一件景泰蓝，十件官窑器"。1904 年圣路易斯世博会，中国景泰蓝荣获头等奖。现如今，最可靠的大概当数名店产品，反映了当地人民的喜爱和制造。这件乾台古祥景泰蓝瓶是我在上海友谊商店迁至曹家渡不久，一位熟悉的营业员特意向我这个常客推荐而收下的。

（图片摄影：王 路）

新西兰高山片岩蜥蜴摆件

　　新西兰高山片岩蜥蜴摆件。片岩特征是有片理构造，是常见的区域变质岩石。原岩已全部重结晶，由片状、柱状和粒状矿物组成。一般为鳞片变晶结构、纤状变晶结构和斑状变晶结构。

　　该摆件长13厘米，宽10厘米，高4厘米。一条金属浇铸非常别致的蜥蜴趴在石块上，它的身子瘦瘦的、扁扁的，像圆柱体一样，身上有黑色的竖条纹，头上两侧有一对小眼睛，炯炯有神，四只脚像壁虎的脚一样稳稳地趴在石上，尾部有一条细细的尾巴摆来摆去，它就是新西兰蜥蜴。底座石块为新西兰高山片岩，常见矿物有片状矿物云母，粒状矿物以石英、长石为主。含有十字石、绿帘石类及蓝闪石等变质矿物。其类型主要取决于原岩类型，也与经历的温度压力条件密切相关，一种变质岩，属高压低温区域变质作用的产物。由新西兰蓝闪石、钠闪石、硬柱石、硬玉、绿泥石、方解石等矿物组成。其原岩主要为基性火山岩和硬砂岩等。关于它的成

因，一般认为是由于高压低温区域变质作用形成，板块学说则认为是由于大洋板块沿毕乌夫带向大陆板块下部俯冲的结果，也有人认为，其中一部分可能是钠质交代原岩的产物。

这块摆件系前几年赴新西兰考察，漫步在皇后镇一家工艺品商店买来的。片岩蜥蜴摆件形象逼真，栩栩如生，置于写字台作为镇纸相当合适，为体现主人爱好、情趣等方面，当有画龙点睛之妙。

（图片摄影：王 路）

《上海收藏家》报2020年7月10日第3版

铜胎雕漆牡丹花瓶

　　这对铜胎雕漆牡丹花瓶是在原曹家渡友谊商店觅来的。色泽质感极佳，纯手工制作，做工精细美观,品相完好，整个器型十分精致漂亮，雕刻极为精美，胎体为铜胎打造，朱红大漆数十层至百余层，工艺繁复精细，花纹漂亮，雅致，雕刻精细，刀法犀利流畅，品相完整，保存如新。

　　该瓶高23厘米、口径7.8厘米、胸径12厘米、底径8.2厘米。牡丹花被拥戴为花中之王，有关文化和绘画作品很丰富。它是中国固有的特产花卉，有数千年的自然生长和两千多年的人工栽培历史。此件剔红漆瓶，器身满雕四季花卉图案，繁花密布，掩仰有序。由于漆层甚厚，得以高下磨砺，所以纹样的轮廓圆润，叶形优雅，花形饱满。刀法变化万千。其花大、形美、色艳、香浓，为历代人们所称颂，具有很高的观赏和药用价值，红色是中国的吉祥色，喜庆色。中华民族从7000年前的河姆渡朱漆木碗就已经开始了。漆雕，又以其原料珍贵，工艺复杂漫长、纹饰精美考究，以及

大漆独有的色泽、质感和富有立体感的画面，有着震撼人心的艺术效果，曾征服历代帝王成为皇家御用重器，被视为中华名族艺术史上独一无二的"至尊中国红"。它一般髹朱饰黑，或髹黑饰朱，以优美的图案在器物表面构成一个绮丽的彩色世界。从新石器时代起，中国人就认识了漆的性能并用以制器。历经商周直至明清，中国的漆器工艺不断发展，达到了相当高的水平。中国的炝金、描金等工艺品，对日本等地都有深远影响。漆器一般指涂以透明或不透明漆的某些木制或陶瓷、金属物件。中国古代漆器的漆，是从漆树上采割下来的天然液汁。

漆树产于中国，约10年树龄可割取树液——生漆。漆器的制作工艺相当复杂，首先须制作胎体。胎为木制，偶尔也用陶瓷、铜或其它材料。也有用固化的漆直接刻制而不用胎。胎体完成后，漆器艺人运用多种技法对表面进行装饰。漆器的主要特点是可以抛光到可与瓷器媲美。漆层在潮湿条件下干燥，固化后表面非常坚硬，有耐酸、耐碱、耐磨的特性。我们祖先制作的优美绝伦的漆器，像陶瓷、丝绸一样，是民族文化的瑰宝。铜胎雕漆牡丹花瓶不愧是一件难得的好藏品。

银龙鱼

　　堪称"一带一路名品展"充满了异国情调的展会上，我收获了两条来自泰国的玻璃工艺品——银龙鱼。银龙鱼别名：龙吐珠鱼、银船鱼，在南方也叫银带，属骨舌鱼科(又叫骨咽鱼科)。与金龙鱼、青龙鱼等统称为龙鱼。分布在亚马逊河流域为当地重要的渔获物，在亚洲因风水需求成为相当受欢迎的观赏鱼。

　　两条大小相仿的鱼，长16.5厘米，高6厘米，厚5.5厘米。鱼体呈长带形、侧扁，尾呈扇形，背鳍和臀鳍呈带形，向后延伸至尾柄基部。下颚比上颚突出，长有一对短而粗的须。龙鱼全身闪烁着青色的光芒，圆大的鳞片受光线照射后发出粉红色的光辉，各鳍也呈现出各种色彩。龙鱼摆尾、转身时，露出它们肚腹的光辉，好像无数的刀片在两面水间向着每一面发出一道小小的闪光一样。龙鱼在水中尽情地摇曳着，像一个舞者不断地变幻着曼妙的身姿，它美丽的尾巴就像轻盈的裙摆，在水中优美地舞动；有

时又像一个调皮的孩子，悄悄躲在水草里面，跟你玩起了捉迷藏。在中国渊源五千年的历史长河中，"龙"是中华民族精神的象征。它的身上寄托着力量、希望和中国人对美好生活的憧憬。我们的民族自古以来就把自己称为"龙的传人"。龙文化是中华民族文化的重要渊源和组成部分，对我国文化的发展有很深远的影响。随着源远流长的龙文化，它便顺理成章被冠以一个响亮而贴切的名字——龙鱼

　　龙鱼是一种大型鱼类，体型霸气，游姿迷人，加上一身熠熠生辉的"盔甲"，就像即将出征的统帅，体现出一种王者之气。龙鱼受到追捧，不仅在于其体型雄壮、气势威严、体色艳丽，珍贵而稀有，更在于常被寄予了美好希望和众多寓意，希望它能给人和事业带来好运。有的将九尾龙鱼放养在同一水族箱中，赋予"九龙在天"之意；有的将它与泰国虎鱼混养在一起，称之为龙虎缸，取龙腾虎跃之意……总之，都是祝福主人吉祥如意、家庭兴旺、事业发达之意。去过泰国旅游的人都知道，手工艺品是当地物美价廉的特产。其中不少的玻璃制品颜色鲜亮、质地轻盈、容易收纳、价格便宜、携带方便。这些特点让它在过往的游客中广受欢迎。因此，无论从体态还是从气势来说，都是极具观赏性的鱼类，因此受到人们的喜爱也就不足为奇了。

（图片摄影：王　路）

《新民晚报》2019年10月22日第17版

银摆件河马

　　第十八届上海古典家具展上我觅得一件来自外国银摆件——河马。河马（学名：Hippopotamus）是淡水物种中的最大哺乳类动物，体型巨大可达数吨，躯体粗圆，四肢短，脚有4趾，头硕大，眼、耳较小，嘴特别大，尾较小，皮较厚，除吻部、尾、耳有稀疏的毛外，全身皮肤裸露呈紫褐色。

　　这款意大利银摆件河马（有银标饰）长5公分，高3.5公分，宽2公分，体量虽小，却相当精致漂亮。与无数卡通故事里造型憨厚、可爱和招人喜欢的河马形象一样，可爱的小耳朵、好玩的圆屁股、珠子似的小眼睛……似乎所有都是那么温和。但是你要知道，河马也有暴燥的一面，它们认为自己的泥地神圣不可侵犯。河马每年都会杀死几个有意无意闯入它们地盘的人。它们习惯生活于河流、湖泊、沼泽附近水草繁茂和有芦苇的地带。当周围发生险情时，河马一般只把头部的最顶端稍稍露出水面，像潜水艇

一样悄悄地观察动静。它们平时性温顺，惧冷喜暖，善游泳，有时可沿着河底潜行其至可达5～10分钟。

河马，一词的意思是指"河中之马"，这是希腊人对这种强悍野兽的称呼。而古埃及人的猜测则更为正确，他们称它为"河中之猪"。历史上，河马在非洲几乎所有的河流与湖泊中都生活过。从装饰古埃及人纪念碑的象形文字中可以断定，当时生活在尼罗河流域的河马数量众多。我有意将这件河马摆件置于一件精致的千层石上，一幅迷人的非洲远野画面立刻跃入眼帘。

《新民晚报》2020年7月8日第21版

印度铜艺·对象

　　"一带一路名品展"满载异域风情。众所周知印度的手工铜器历史悠久，工艺精湛。展会上我有幸觅得一对可爱的印度象。印度象身躯高大，通体为灰棕色，前额左右有两大块隆起，其最高点位于头顶，头盖骨很厚，背部向上弓起。四肢粗壮，几乎垂直于地面，像四根柱子，前肢5指，后肢4趾。是亚洲象的亚种之一。

　　两只呈坐姿的印度象，左侧抬手的象，高15厘米，宽13厘米，厚11厘米。右侧双手撑地象，高16厘米，宽13厘米，厚10厘米。两只大象形态各异，它们身体庞大，像一堵墙，脑袋两边半拉着一对像扇的耳朵，脸上嵌着一双泪稀的小眼，嘴巴里长着一对尖尖的牙齿，大象有一个长鼻子，有四条像柱子似粗壮的腿，它的大屁股后面有一条尾巴，像小辫子。尽管身材肥硕，但形象可爱，模样生动、憨态可掬。传统的印度手工黄铜制品，力求华丽精美，而手工打造的作品却是让古老的印度手工黄铜器变得

更加摩登。

　　印度的手工艺品世界闻名，在手工匠人日渐远离我们的今天，印度却保留有巨大数量的手造工匠。正是因为这些工匠的存在，使印度在黄金、合金、金属工艺等领域在世界占有一席之地。此对铜象展示了是印度的印度象的普通生活，简表达出了深受印度爱戴的。印度的手工艺品和特产，富有浓厚的民俗色彩。在印度大象是一种颇受敬畏的动物。大象力大无穷，却性情温和；憨态可掬，又诚实忠厚。且能负重远行，被视作吉祥、力量的象征，也被人们称为兽中之德者。而在神话传说中，大象能兆灵瑞，古佛就是乘象从天而降。

泰国玻璃工艺品·长颈鹿

　　"2019一带一路名品展"我觉得一组来自泰国的玻璃工艺品。长颈鹿妈妈高20厘米、宽4厘米、长9厘米。两只小长颈鹿高10厘米，长7.5厘米，宽3厘米。它们亲密地围着妈妈身边。色彩艳丽、制作精美、造型可爱，给人相当温馨的感觉。

　　长颈鹿是一种生长在非洲的反刍偶蹄动物，拉丁文名字的意思是"长着豹纹的骆驼"。它们是世界上现存最高的陆生动物。站立时由头至脚可达6～8米，体重约700千克，刚出生的幼仔就有1.5米高。长颈鹿以草和树叶为主食；舌较长，可以用于取食；具短角，角上被有毛的皮肤覆盖。浑身浅黄，身披形状不同的棕黄色网状斑纹，要是站在树丛里，它们就很难被人发现。长颈鹿不光脖子长，脸也是长长的，它的头像个瞭望台似的，眼睛又大又机灵，可望得很远。头上有两只棒棒糖似的小角，大大的嘴巴，全身披着"速度之王"豹子的花纹。长颈鹿的腿好优美，是那么的柔韧，四肢修长，而且十分有力，主要分布在非洲的埃塞俄比亚、苏丹、肯尼亚、坦桑尼亚和赞比亚等国草原地带。

　　长颈鹿脾气温柔，群体之间谦和文雅、彬彬有礼。它们互相之间温情脉脉地相伴来去，互相之间靠得很近，互相照应，它们长长的腿经常碰在一起，这种情况通常会持续很长时间，但它们从不因为这种小事发生口角、顶撞。这种互相靠近既是出于一种温情，也是为着安全，一种温暖同时默默地传遍了集群中的每一只长颈鹿。相互之间常常以头颈相交，温柔而细心地交流着，像是一丛高大的芭蕉树，同根相生，相互守候，它们的举动那么随和、亲切、自然，完全配得上它们那美丽的外貌。

　　动物界有很多"动物之星"，如果论个子长得最高之星，非长颈鹿莫属了！

寿山石·鹦鹉

老岭石又名"柳岭石"，产于寿山乡北端柳岭深山中。早在宋代就大量开采用于雕刻。属于寿山石，中国传统"四大印章石"之一。

高20厘米，直径9厘米。鹦鹉真可爱，它大大的眼睛，弯弯的小嘴，胖胖的身子，后面还拖着一条扇子似的尾巴，一身羽毛光滑漂亮，头上的羽毛像一顶浅黄色的帽子，绣满了细小的条纹。背上的羽毛像披了一件虎皮大衣，那是因为它每一片羽毛上都有一块黑斑，全身的黑斑排列在一起，如同虎皮。它们腹部的羽毛不一样，一只是橙黄，另一只是深绿色的。它们小巧玲珑，一双又黑又亮的眼睛下长着一张又长又弯的嘴。鼻子很特别，是紫色的，中间有两个小孔。

鹦鹉是鹦形目，羽毛艳丽、爱叫的鸟。典型的攀禽，对趾型足，两趾向前两趾向后，适合抓握，鸟喙强劲有力，可以食用硬壳果。羽色鲜艳，常被作为宠物饲养。它们以其美丽的羽毛，善学人语技能的特点，更为人们所欣赏和钟爱。鹦鹉中体形最大的当属紫蓝金刚鹦鹉，体长可达100厘米，最小的是蓝冠短尾鹦鹉，体长仅有12厘米。大多数鹦鹉主食树上或者地面上的植物果实、种子、坚果、浆果、嫩芽嫩枝等，兼食少量昆虫。吸蜜鹦鹉类则主食花粉、花蜜及柔软多汁的果实。

寿山石"鹦鹉"石雕，是一次偶然的机会，从藏宝楼寻觅而得，其雕工精湛、形象逼真，既是一件实用的工艺烟缸，又是一件非常漂亮的石雕摆件。

（图片摄影：吴 勇）

水晶五彩搏鱼

　　多年前我随银监会人事部赴德国培训结束后，在法兰克福机场内的商场购入了这对斑斓绚丽、肤理莹然的施华洛世奇水晶五彩搏鱼。

　　水晶鱼长9公分，高5.5公分。两条分别为天蓝和粉红色的五彩搏鱼,这种鱼的腹鳍和尾鳍十分宽大，游动起来像衣袂飘飘的仙子，煞是漂亮美丽。它们是施华洛世奇(Swarovski)仿水晶制品，产自地处偏僻的阿尔卑斯山麓奥地利西部的瓦腾斯的小镇，虽然人口不多仅几千人，但每天却有成千上万的游客蜂拥而来，为争睹依山而建的"施华洛世奇水晶世界"，世界上最璀璨夺目的水晶产品，著名施华洛世奇品牌璀璨告梦公司，百年来为无数人的生命增添流光溢彩。如今，这家古老而神秘的公司仍保持着家族经营方式，把水晶制作工艺作为商业秘密代代相传，独揽与水晶切割有关的专利和财富。这一切必须归功于施华洛世奇的创始人丹尼尔·施华洛世奇(Daniel Swarovski)那超越时代的知识产权保护意识。丹尼尔从小跟随父亲

学习宝石打磨，用于装饰胸针、发针、发梳等饰物。西门子和爱迪生的技术革命给予了丹尼尔灵感，他经过日夜不停的埋头实验，发明了第一台可完美切割水晶的自动切割机问世。它的制品能非常巧妙地被打磨成数十个切面，对光线有极好的折射能力，使整个水晶制品看起来耀眼夺目。

天鹅，SWAN。首先取谐音。施华洛世奇天鹅水晶标志，为品牌施华洛世奇的传统记号，也是它水晶精致优雅精神的象征。两百年来，施华洛世奇一直秉持着天鹅一样的美好、圣洁和高雅。其工艺纯净，切割独特而闻名于世。每一个艺术品，每一项专利和奖项，都凝聚着每一位设计师的心血，所以每一件产品，都是那么漂亮典雅。在很多人心中，她已然是高贵、优雅、美丽和品味的化身，是人与人之间心灵沟通的桥梁，她的意义，就是连接所有向往美好与快乐的心灵。她就是天鹅的化身。是美丽和品位的化身施华洛世奇人造水晶的闪耀光芒之所以闻名于世，完全是由于他们举世闻名的晶莹精湛的工艺和独特的切割技术而博得世人称誉，并给人无限美好的享受。

印度铜艺·双轮马车

　　前不久，一带一路名品展，展品琳琅满目，我被印度MAQSOOD展台的黄铜工艺品深深吸引，当下收了两辆双轮铜马车。马车的前世在中国的历史至少可以追溯到殷商时期，有了马车，人们才有了驾乘之乐。随着机械化的发展，使得马车几乎退出了历史的舞台。但是，马车作为一个伟大的发明，仍然在世界各地发挥着及其重要的作用，在欧美特别是西欧等国甚至成为迎来送往贵宾的国家礼仪象征。如印度等国至今仍保留着用马车迎送国家贵宾的传统习俗。

　　两辆形体大小不同的马车，大的长15厘米，宽6.5厘米，高9厘米。小的长12.5厘米，宽6厘米，高7厘米。但是造型别致：骑手形态大致相同，头上缠上一根围巾，穿着紧身裤和长衫，双手紧持着两根缰绳；马车造型则不同，小的一辆马车，马低着头，四蹄直立，呈停止状，而另一辆大马车，马止高扬起头行驶在大路上。

　　世上，最初出现的是双轮马车，大约到19世纪，开始就出现了四轮马车或4匹马拉的马车了。约公元前2000年，黑海附近大草原的几个部落带着马来到底格里斯－幼发拉底河流域，期初使用的马车车轮已经有轮辐，而不像早期的车轮是整块木头做的。这种车轮比较轻便，易于操纵。此后的1000多年时间里，马车成为世界各国主要的运输车辆。20世纪70年代以前，双轮马车还是印度的主要交通工具之一。随着，印度的工业发展，城市中的马车数量渐渐减少。但是在旅游胜地，双轮马车仍是游客最钟爱的选择。以泰姬陵闻名于世的印度旅游胜地阿格拉，将马车指定为游览古迹必备的交通工具。这种带有顶棚的双轮马车，是从古代印度保留遗传下来的传统御用工具，已被当地政府纳入文化遗产保护。然而外国游客在游览中，都非常喜欢乘坐这种双轮马车，他们觉得这样会有一种置身于古印度的感觉。

《新民晚报》2019年12月3日 第18版

绿松石雕·湘云醉卧

　　绿松石雕题材出自《红楼梦》第六十二回《湘云醉卧》，是红楼梦里最美场景之一。写贾宝玉过生日，史湘云在宴会上喝醉了酒，卧于山石僻处一个石凳上。众人看了，又是爱，又是笑，忙上来推唤挽扶。湘云慢启秋波，见了众人，低头看了一看自己，方知是醉了。此段细腻深刻的情节描写，使纯真、美丽和憨态可掬的湘云少女形象跃然纸上，为历来人所称道。

　　该作品以湖北郧阳地区绿松石圆雕而成。长6.5厘米，宽6.5厘米，高7.5厘米，重196克。作品出自湖北著名雕刻艺术家杨辅华之手。松石颜色纯正、质地紧密，韧性极好。它经典呈现了《红楼梦》"憨湘云醉眠芍药裀呆香菱情解石榴裙"章节画面：亭园瘦石相衬，花草相伴，湘云业经香梦沉酣，四面芍药花飞了一身，满头脸衣襟上皆是红香散乱，手中的扇子在地下，也半被落花埋了，一群蜂蝶闹嚷嚷地围着。睡语说酒令，家人俯首

作陪心情凝重，神态各异，人物刻划形成了鲜明的对比。作品构思巧妙、主题突出、主次分明，作者刀法利落，神形兼备，栩栩如生，场景栩栩如生，画面艺术气息、生活气息甚浓，体裁内涵丰富，它将空间透视感充分地表达出来。作者早年先后赴北京、苏州玉雕厂学习深造，后回武汉玉器厂工作，担任花卉雕刻组组长，弟子遍布全国，二十世纪七十年代，其作品曾多次获奖。近年来，随绿松石的大量开挖原料愈趋稀缺，尤其是名家高手的作品，因受市场经济的作用，其艺术收藏价值倍增，深得国内许多爱好者和收藏家的青睐和追求。

绿松石又称"松石"，因形似松球色而得名。英文名Turquoise，意为土耳其石。其实土耳其不产绿松石，而是由古代波斯产的经土耳其运进欧洲而得名。绿松石在中国它同和田玉、独山玉和岫玉并齐，被称为"四大名玉"。绿松石是神秘之物，在世界上享有"幸运之石"、"成功之石"等美好声誉。绿松石在首饰中得到广泛应用，映得人们原形，它独有的天蓝色彩，充满着神秘、神奇与魔幻。松石的湛蓝、柔美的色彩，可以缓解服饰的沉重感，也会使服饰显得亮丽而高贵，这种色彩的反差会使佩戴者显得自然、清新。蓝色被视为吉利的颜色，因此绿松石备受推崇。

（图片摄影：张静庵）
《新民晚报》2019年8月21日 第21版

扇面《湘云醉卧》

　　扇面画因独特的形制，上宽下窄，呈扇形，画幅小，形式特殊，其美妙之处是卷轴册页所未能及者，在书画中别树一格又便于携带，方受历代文人青睐，其欣赏价值远超实用价值，成为中国绘画史上一道别致风雅的景色。以致上百年来，热衷折扇书画的人前赴后继，难怪风流才俊、骚人墨客乃至世家娇娘都要随身手执一扇，以示风光典雅。

　　杨秋宝，中国美术家协会会员、著名连环画画家。自学白描笔法，为掌握古代的人物配饰与史实相符，他买了"一屋子"的历代人物服饰书籍，研究服装的细枝末节并先后在上海、香港、台北等地出版了《红楼梦》、《武松》、《金瓶梅》、《西游记》、《高风歌》等30多部连环画，名噪一时、声誉鹊起。

　　《红楼梦》列中国古典四大名著之首，中国封建社会的百科全书，传统文化的集大成者，举世公认的中国古典小说巅峰之作。而《湘云醉卧》

则是红楼梦里最美的场景之一，历来为艺术创作绝佳题材。杨秋宝倾其绘画技能，生动、逼真地描绘了一个纯真、美丽、憨态可掬的少女形象：芍药花下，美丽仙子，侧卧青石板，芍药花满身，蝴蝶相伴，扇子落地也被花埋了，　脸海棠春睡的娇憨表情，在鲜花的映衬下更显得娇脆欲滴，画幅周正，点睛之笔，甫入扇面，将大观园荣国府生活中不可或缺人物、静如处子动如脱兔的史湘云形象跃然纸上。画面主题突出，布局合理，富有巧趣，画中仅设一人，钩勒、点簇、泼墨交施互用，用色明净淡雅，形成意境空荡，让人留有遐想空间；画风博采众长，他先学颜梅华，再学戴敦邦，将任伯年开创的海派人物画风格拿捏得精准到位，融汇诸家之长，笔墨趋于简逸放纵、纤毫毕现，独树一帜；整扇精工细作，构思巧妙，扇面留白处，兼工带写、前画后字，摘录章节概要，穿插行云流水蝇头小楷，起到锦上添花妙用。尽显扇面画领域独特风格，深得众人喜爱，难怪其扇被戏称为"扇解人意"、"多多益扇"。海上知名收藏家柳回兴先生将同一题材的杨秋宝扇面画和杨辅华绿松石雕，参加工美画器作品展。

为庆祝中华人民共和国成立70周年，由上海工艺美术学会独创主办的"第八届上海金秋十月"第二次"一画一器"工艺作品展，将于10月28日至11月6日，在上海工艺美术博物馆隆重推出亮相。这是一场"将平面同立体、观赏与实用、艺术和生活"，合二为一，融为一体精彩纷呈、别开生面的艺术作品展。此展是学会总结多年来而形成的海派特色品牌，旨在打破传统思想理念，助力传承中华优秀文化和时代风采。

（图片摄影：张静庵）

《新民晚报》2019年10月22日第17版

收藏拾贝

原野：带着主题去收藏

主持人：宋长星 本版主编
嘉宾： 梁志伟 上海收藏协会副秘书长

主持人：10年前他刚退休，开始正儿八经涉足收藏，那时他还算收藏界的新兵。10年后，他已经成为收藏界名声赫赫的名家。他就是王炳奎，笔名原野。据说之所以用这个笔名，是因为他认为收藏就要收原始的、野生的、自然的物品，比如石头，比如树根等。

就在今年他即将过70大寿前，文汇出版社为原野出了本《原野收藏拾粹》。此书出版后，引起收藏界朋友和不少读者注目，今年的上海书展也邀请他前去签名售书。原野到底是一个怎样的收藏家？今天我们请来上海收藏协会副秘书长梁志伟，听他谈谈原野及其收藏。

嘉宾：原野是一位钟爱艺术的人士，从小喜欢画画写字，对艺术充满追求和爱好。工作期间"烟酒不沾、麻将不会、股票不炒"，手头相对比较宽松的他，常将一些喜欢的石头、木头和陶瓷等东西买回来。2010年退休后，成为"全脱产"的"白相一族"。为了提高收藏方面的"业务能力"，他前后参加了上海市收藏协会、上海工艺美术学会、上海钱币学会和上海市观赏石协会。特别是在我及一些上海文博界知深文人传教下，使他的收藏更趋合理更富条理化。

主持人：很多人收藏都是凭机遇的，即漫无目标，今天运气好，在对的时间，对的地点，碰到了一件对的东西，就有了好的收藏品，但听说原野的收藏是"主题先行"的，即他事先会想好一个主题，然后按照这个主题去寻觅。

嘉宾：确实如此！原野不是那种碰运气的收藏家，他有很多是带着想法、带着主题的收藏品。比如他的《一带一路》收藏品，他会以西安的大雁塔为起点，再配以海上的帆船，从而是路上丝绸之路与"丝绸之路"交融，形成与时代生活相契合的"一带一路"收藏品。

原野手中诸如此类的收藏品不少。

主持人：对于收藏，有两种说法，一种认为，收藏是收藏人一种快乐的生活方式。另一种说法认为，收藏是积累财富、至少是保值增值的一种行为。

嘉宾：这两个说法都是对的，但后一种说法往往是收藏的一个附加结果，并不是大多数人刻意追求的，就我对原野的了解，他绝对是以收藏来追求快乐的。

美学家张世英说："人生有四种境界：欲求境界、求知境界、道德境界、审美境界。审美为最高境界。"所谓审美境界，就是要审美地生活，就是要活得美。要想活得美，首先要懂得珍惜，懂得收藏，要用心去发现，其次是守护自己的纯真之心懂得发现生命中的小美好，并将它收藏起来。

收藏的过程是这样的：爱而藏之、藏而玩之、玩而研之、研而传之、传而广之，直至成为一个有学识、有悟性、有眼力、有财富、有境界的玩家。

原野能在短短十年间玩出名堂，就是上述论述的印证。这些年来，他钟情于奇石、根雕、陶瓷和杂项件收藏，到他府上观赏收藏品，从博古架到地上，从会客室到阳台，几乎没有大块空间了，高高低低、紧紧凑凑、密密麻麻摆放着数百件奇石、根雕、陶瓷收藏品。

原野先生不玩古玩，只玩今玩。今玩瓷器也不玩名家名作，只玩自己对得上眼的，看上去自己一眼喜欢的。

原野写作也很勤奋，2015年出版了《原野收藏拾趣》一书后，他的收藏开始更趋条理性，东西少了，但更精了；他的收藏开始更趋文化性，不光是收，更是一种文化传播，几乎一件好东西，就能写成一篇耐人寻味、内涵丰富的好文章。他以精湛的笔触和独特的视角，展现了收藏者的不同的社会和人生，以及精彩纷呈的藏品。

在收与写中，原野确确实实获得了快乐，成了个"老顽童"。

主持人：我并不是收藏中人，但看了《原野收藏拾经》，确实能感知到知识，感受到快乐。这是一本旁征博引、文质兼美的好书，是一本有分量、有品位的好书。值得大家看看。

王炳奎——现玩玩出文化

珍珠

　　王炳奎，沪上根雕奇石杂项收藏家，知名的撰稿人，本会理事。

　　王炳奎（原野）从小对各类艺术充满了爱好。他当过兵，复员后在央行工作,空暇时仍进行收藏。自结识梁志伟后，在他的悉心指导下，收藏才走上了正规化。特别是参加协会后，使收藏的素养得到了充实和提高。他认为，海派收藏必须紧扣时代，不断开拓，勇于创新。故而他的不少作品分别获奖，比如，2012年"愚公移山（黄花梨根抱石）"获得第四届国际红木家具艺术展创意金奖、2013年"徽商的故事（陶、根艺）"获得银类、2014年"四季平安（陶艺）"、2018年"秋赋（根抱石）"分别被市工艺美术学会评为"最受欢迎"、"特邀展示"作品，2018年"泥石·一带一路"、"骆驼"特邀入选工美30周年活动展。2016年6月，《东方早报》和2018年9月《劳动报》分别对其收藏作了"石奇含天地"、"带着主

题去收藏"专访报道。不仅如此，王炳奎在收藏的同时还笔耕不辍，已完成近千篇书稿，其中近三百篇已在市级报刊上发表，并被更多新闻媒体转载。特别是"化腐朽为神奇"一文还被（包括港、台地区）六十家媒体转载。2015年和2018年分别出版了《原野收藏拾趣》与《原野收藏拾经》。

王炳奎收藏的特点是十分注重藏品的文化传播，几乎每寻觅到一件好的藏品，都能写成一篇耐人寻味、内涵丰富的好文章，从而成了大家在文博媒体上熟悉的"撰稿人"，也成为了一位在圈内盛名的"现玩玩家"和"快乐玩家"。

《上海收藏家》报"海派收藏家"（158）2019年1月10日第二版

做个快乐有心的收藏者
——有感于王炳奎《原野收藏拾经》

梁志伟

　　王炳奎的《原野收藏拾经》近日由文汇出版社出版。艺术气息浓郁的封面设计，昭示着一本有格调、有内涵的书。三年前，作者的《原野收藏拾趣》出版后，依然钟情于奇石、根雕和瓷陶等收藏并笔耕不辍，经过努力，近期又完成了《原野收藏拾经》的创作。

　　对一名普通收藏者来说，收藏也是一种爱国行动。收藏不是今人的一时兴起，自古以来就不乏其人。美学家张世英曾说过："人生有四种境界:欲求境界、求知境界、道德境界、审美境界。审美为最高境界。"所谓审美境界，就是要审美地生活，要活得美。要想活得美，首先要懂得珍惜，懂得收藏，要用心去发现；其次是守护自己的纯真之心，懂得发现生命中的

小美好，并将它收藏起来。收藏是学识、财富与悟性的综合之玩、情致之玩，是玩的最高境界。所以，其过程是爱而藏之、藏而玩之、玩而研之、研而传之、传而广之，直至成为一个有学识、有悟性、有眼力、有财富、有境界的玩家。

对收藏者来说，空闲时收藏一些心爱的东西，闲暇时还能欣赏、把玩和回忆，也许它能勾起许多难忘幸福的回忆和那匆匆流逝的美好时光。而《原野收藏拾经》就是这样一本好书。

《上海金融报》2018年8月7日 b8/集藏

陪侬去白相收藏

梁志伟

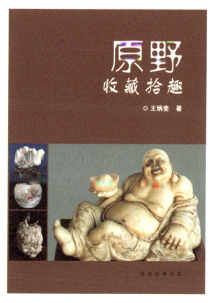

时值八月，桂花飘香，气候宜人，阳光明媚的早晨，正是阅读好时光。翻开这本《原野收藏拾趣》（香港经典书局出版），顿感心旷神怡。恰如手捧一杯清茶，轻呷一口，满口香醇，回味无穷。全书收集了作者百篇短文（其中八十篇已被报刊公开发表）涉及奇石、根艺、瓷陶和杂项四大类，亦文亦图，由作者携您浏览"白相"，让您了解他"白相"的圈子，从石头到木头……五花八门、应有尽有；让您共享他收藏的趣闻轶事，从古至今……目不暇接、生动有趣。

作者原野是一个喜欢搞收藏的人，有趣的是原野先生的藏品偏重于玩今玩。今玩藏品也不玩名家名作，只玩自己对得上眼的，看上去自己一眼喜欢的。简而言之，当代收藏人玩古玩是传统，玩今玩也是传承。无论是选择收藏古玩，还是选择收藏今玩，都是收藏人一种快乐的生活方式。在当代社会，一位收藏玩家不追逐古玩投资收藏，不跟风收藏当代名家名作，从自己个人的爱好财力、审美观出发，自得其乐玩"今玩"，且玩出审美品位，玩出鉴赏目光，玩出快乐时光，这才是最为重要的，其晚年生活也是上海几百万老年人晚年快乐生活的一种榜样生活模式。更可贵的是原野先生空闲之余，时常提笔，撰写一些短文，或刊之于杂志，或见诸于报端，素笺一叠，林林总总形成了这本书。文字优美，通俗易懂，赏玩心得情真意切，深受广大读者欢迎，尤其是业内人士的青睐。文章一经发表，总被众多相关媒体、报刊和知名网站转载发表，成了大家在文博媒体上熟悉的"撰稿人"，成了一位在圈内盛名的"今玩"玩家和"快乐"玩家。

总之，《原野收藏拾趣》一书，陪您去"游山玩石"；伴您来"赏心阅木"；同您见"火土艺术"；让您玩"掌上把件"。书籍是人类最宁静和永恒的朋友，是最善解人意和最具智慧的顾问，是最有耐心的良师益友。莎士比亚曾经说过："生活里没有书籍，就好像没有阳光；智慧里没有书籍，就好像鸟儿没有翅膀"；英国著名作家培根又说过："书籍是在时代的波涛中航行的思想之船，它小心翼翼地把珍贵的货物运送给一代又一代。"显然，书籍可以让您：视野更开阔，思维更睿智，生命更厚重，生活更精彩！

《新民晚报》2015年8月15日C15版

陪你熟悉收藏

梁志伟

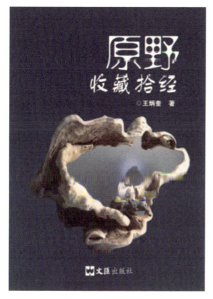

眼前一本散发油墨香味的《原野收藏拾经》（文汇出版社出版）完成了。清新雅致的封面，昭示着是本有格调内涵的书。

该书紧贴现实生活，紧跟时代脚步，叙述了作者在收藏方面的短文：奇石开卷篇，《泥石·一带一路》"丝绸之路"薪火相传，"一带一路"宏伟构思，成为复兴古老文明、推动时代进步，促进东西交流、助力沿线各国繁荣发展的强盛和友谊之路；《泥石·大运河畔》承载深厚的中华文明从古至今源远流长，河水东去，余韵悠悠。根艺篇，高级根艺师钱知宸《形意根雕<石库门>的记忆》主题鲜明、构思巧妙，将旧上海世俗风情生动地展现在读者面前，勾起老上海人的温馨回忆；《根抱石·秋赋》以一幅秋天里的山居吊脚楼，展示了工艺美术大师俞柏青将故事"编入"根雕，将生活融入根艺，创立的写意木雕。陶瓷篇，《竹报平安》由竹桶和苹果组成的陶艺器皿，布局动静相宜，张力与内蓄浑然一体，线条和釉彩，简洁鲜明，娴熟地调动了釉彩交融产生的神妙特质，将画面主题烘托到了极致；《徽韵》反映智慧、勤劳的徽商，用双手、汗水谱写了一曲壮美的诗篇，表达了徽商矢志不渝、百折不挠的大无畏精神。杂项篇，《山乡园行·奔马》两匹骏马，仰天长啸，长鬃飞扬，四蹄翻腾，豪放洒脱的雄壮画面。以示祝贺景海鹏、陈冬二位属马宇航员驾驶神舟飞船，圆满完成任务，真可谓：骏马出阵，马到成功！寿山石《思念》斗转星移，世事更迭。福州寿山石雕

始于南朝，勃兴两宋，鼎盛明清。如今，被中外收藏界一致认同，荣登"国石"候选石榜首。它的到来，给我的职业生涯和收藏经历，留下了一段难忘的回忆……凡此种种，文图清晰、文情并蓄。除记录作者收藏中的趣事、趣闻外并佐以大量人物照片和藏品图片，从中，透显出作者充实的业余生活，追求艺术的高尚情操，以及对艺术执着热爱的精神。

俗话说"天道酬勤"，原野比较痴迷收藏，写作也很勤奋，2015年出版了《原野收藏拾趣》一书后，他的收藏开始更趋条理性，东西少了，但更精了；他的收藏开始更趋文化性，不光是收，更是一种文化传播，几乎一件好东西，就能写成一篇耐人寻味、内涵丰富的好文章。他以精湛的笔触和独特的视角，展现了收藏者的不同的社会和人生，以及精彩纷呈的藏品。我建议他再次出版《原野收藏拾经》。难能可贵的是他能持之以恒，2014年其父亲不幸中风长期住院后，他要在照顾父亲和在家九十多岁老母亲的前提下，搞收藏、写文章，真是不易。几年来，他始终如一，成了一位名副其实的收藏玩家、快乐玩家，也是晚年退休后，开始从事收藏的退休玩家的楷模，尤其值得老年收藏人学习。

总之，《原野收藏拾经》是一部令人快乐的休闲好书，是一本旁征博引、文质兼美的好书，是一本有分量、有品位的好书。如此清新脱俗的新书，宛若一泓清泉润泽心田，恰似一棵大树撒下一片阴凉，给收藏人提供了一块静心歇脚的交流驿站。

《新民晚报》2018年8月14日 第23版

收藏者的快乐经

智慧

　　上海市收藏协会会员，劳动报文博收藏版老作者原野的收藏新著《原野收藏拾经》，本月已由文汇出版社出版。

　　原野多年来钟情于奇石、根雕、瓷陶和杂项件收藏。他认为，作为一名普通收藏者，收藏是一种对传统文化热爱的体现。他的收藏注重文化性，认为收藏不光是收，更是一种文化的传播，几乎一件好的收藏品，就

能写成一篇耐人寻味、内涵丰富的好文章。他以精湛的笔触和独特的视角，展现了收藏者的快乐人生。

《劳动报》2018年8月13日品位A6版

柳国兴奇石"宝库·半亩园"亮相

原野

　　为期十天的"半亩园·赏石展",于七月底成功谢幕。本会理事、沪上知名奇石、书画和老红木收藏家柳国兴的精品藏石亮相展会,掀开了他近半个世纪来,不辟辛劳、跋山涉水、费尽心血从各地寻觅来的精美奇石,除包括颜值最高、名气最响的灵璧石、太湖石、英石和昆石,暨"中国四大赏石"外,还不乏玛瑙、新疆金丝玉、新疆风砺石、木化石……等珍奇石种。如:其中一组由四块产自新疆象形石,组成的"鸟鱼花香"分别代表4种新疆特有物种,惟妙惟肖,极为难得,已被当今赏石文化的百科全书——《中国石谱》收录。

　　通过展会,让观众见识俊美无比、千奇百怪的珍奇美石,同时亲临感悟在舒适优雅的室内园林环境中体验、享受魅力无穷的中国赏石艺术和赏石文化。展览在浦东陆家嘴上海中心宝库艺术中心隆重推出。从而让柳国兴成为国内首位荣登世界最高建筑,举办个人石展的达人。

（图片摄影：张静庵）

《上海收藏家》报2020年1月8日第三版

海派赏石荟萃

王炳奎

深秋的上海，色彩绚丽、华光夺目，2018上海沪太赏石文化博览会,将于11月16日揭开帷幕。这是新一届上海市观赏石协会理事会成立后，首次举办的海派赏石盛典，除上海本地的藏石家参展外，还邀请了全国多方石友、藏家携手共襄盛举。也是上海有史以来，规模最大、规格最高、石商最多、石友最广的一次弘扬奇石文化、传递奇石品牌，推动相关产业发展的石界盛会。

本次展会得到了中国观赏石、收藏家协会，上海市收藏家协会和非物质文化遗产保护协会等上百家单位的支持。来自全国著名的奇石产地商家、石友，踊跃携品，前来交流。除供需优待的太湖石、昆石四大国石外，深受石友欢迎的戈壁、玛瑙、风砺等奇石也纷纷登场，此外，新石种贵州古铜石、陕西陈炉石也将亮相。同时，另有首饰、翡翠、红木等参展。本次大会精选参展的二百方奇石，颇具海派赏石特质，精美绝伦、精彩纷呈。

　　海派藏石，海纳百川。上海是开风气之先，领时代之新的地方，海派文化艺术、海派藏石文化，不断与时俱进，引领风尚。上海本地不产奇石，资源空乏，上海藏家没有本土保守意识，更没有石种偏见歧视。上海沪大奇石市场，经过努力已形成了独特的海派赏石风格。玩石花样不拘一格、兼容并蓄和独领风骚。并努力在赏石产业链"后端"文化上下功夫。不但集聚了一批配座巧匠，也有不少创意高手，诞生了不少成功作品，成为全国弘扬、传播石文化的领头羊和重要阵地。

《新民晚报》2018年11月13日 第24版

"红山文化白陶三面女神童"难得一见

原野

中国古陶瓷文化博大精深、源远流长，成为华夏文明宝库中的一颗璀璨明珠。红山文化发源于东北西部，起始于五六千年前的农业文明，是华夏文明最早的文化痕迹。红山文化考古收藏研究热始于上世纪八九十年代。近期，笔者探访了上海多伦路文化名人街"文博堂"馆藏古陶器，其中"红山文化白陶三面女神童"便是一件颇为珍贵的红山文化时期陶器。

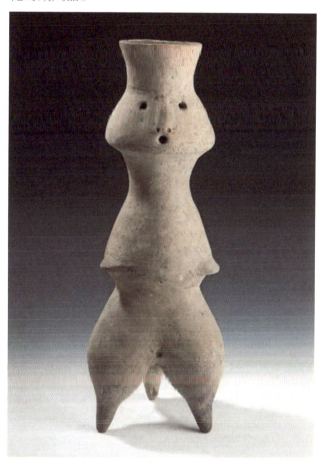

该陶器高53厘米，首径15厘米，石似一位裸体女神童，脸上表情天真无邪，是人类童年时代的真实写照。整件器型线条极为简约，与红山文化玉器线条如出一辙，几乎看不到有多余的累赘。更为精彩的是，该陶器是三位一体的女童像，说明距今三四千年的齐家文化三把柄陶杯也是源自红山文化陶器。另外，还表明红山文化时期的原始艺术家，已经懂得塑造三维立体空间。如此看来，红山文化不单单是玉的文化，还应涵盖陶器。过去收藏界谈起红山文化器物，大都指红山文化玉器。这件"红山文化白陶三面女神童"打破了这一说法，也是考古出土少见、博物馆展罕见、民间收藏更为稀见的古陶珍品。

据悉，此件古陶珍品已收录于新近问世的《中国古陶瓷典藏》(梁志伟著)，由上海文化出版社出版。

《新民晚报》2018年11月13日第24版

马家窑文化女阴纹老人头壶

原野

　　多伦路文化名人街，散落着不少私人收藏博物馆，而"文博堂"是一家在古陶方面富有特色的收藏馆。已出版16部原创收藏专著、对古陶颇有研究的主人，取出这件马家窑女阴纹老人头壶,向我介绍起来。

　　母系社会后期的马家窑文化，崇尚母性崇拜。此件壶上描绘的精美的树叶形纹，经过不少考古学者多年的学术探讨研究，都趋向认同此树叶纹，实为崇尚母性崇拜的女阴纹。

　　该壶高32厘米，直径31厘米。壶首上堆塑了一个老人头像。再仔细

看，好像是一张相对还年轻精神的老人脸；一对眼睛下面各有三条闪线绘画语言，应该是"眼光"。瞬间定格的图景，可以这样图解:一个看上去还挺精神的老帅哥，看到美女们接连涌出来，涌到他身边，发出惊愕的表情。而这惊愕的表情，被雕塑家成功地定格为生动不朽的一笔，呈现出雕塑艺术独特的艺术魅力。

简而言之，此件"马家窑文化马厂类形女阴纹老人头壶"，是一件典型的彩陶绘画艺术与雕塑艺术相结合得非常完美的东方古老艺术品，让观者见之，赞不绝口、叹为观止……

它属马厂类型器物，多见是小口、双腹耳彩陶壶。据考古发掘的器形排比，这类陶壶在造型、纹饰方面有早、中、晚期不同。早期是侈唇、短颈（或无颈），腹部特鼓，显得矮胖，个别腹径甚至大于通高。有黑、红两彩，以黑为主。一般不施陶衣，但打磨精工，多有光泽；中期壶形尖小，颈部逐渐发达，腹部微收，高矮适中，只用单色黑彩；晚期则颈部更加发达，变得粗长，上小下大，腹部收缩更甚，显得瘦高。而且陶壶数量减少，质量下降，纹饰也较之前粗放。有的仅在器物肩腹部画有两道很不规整的条纹，呈现出衰退的作风。

"马厂"彩陶制作一般比较粗糙，有的还施加一层红色陶衣，这些突现了马厂类型彩陶的高明技艺和粗犷质朴的风格。

（图片摄影：梁 栋）

马家窑文化娃娃鱼纹尖底瓶

原野

　　文博堂二楼古陶器来之不易，主人倾注了近半个世纪的心血,走南闯北而觅来的。此件马厂类型娃娃鱼纹尖底瓶，可谓亦是其中一件比较珍贵的器物。

　　该器物，高24厘米，口径7厘米，胸径17厘米。喇叭形口沿、细颈、圆肩，器身逐渐均匀缩小，尖形底，腹部饰双耳。马家窑时期的尖底壶进步了，此壶腹部还绘上几条弯曲游动之娃娃鱼纹，活灵活现，说明母系社会的工匠已有时间观念。

　　这张壶腹部上的娃娃鱼，是一部母系社会先人食用娃娃鱼的历史起源，也是后来出现的中国古代水墨画里面，花鸟鱼虫画之起源，文物研究价值凸现……尖底彩陶瓶造型独特美观，图案布局紧凑，以简洁明快的色彩、飞动的流畅的笔触、柔美多姿的弧线，绘于橙红色陶器之上。

　　尖底彩陶瓶为细泥红陶质地，实属一件形神兼备的艺术珍品，在有限的面积内表现出了广大的空间，这种原始艺术扑朔迷离的内涵和永恒的魅力，令人无比神往。

　　仰韶文化开始就有尖底壶，多是素陶器。尖底壶是原始先民狩猎打鱼出行时，坐在河边休息，用尖底壶盛完水直接插在低矮草丛里备用喝水的壶具。此瓶在汲水时可自然下沉，汲满后平稳提出，可见人类祖先的创造之妙。

　　尖底瓶也叫汲水器，是当时人们用来把低处的水打上来所用的容器，腹部双耳系上绳了后可以用手提着去打水，也可以绑在腰上或挂在颈部，便于携带，当它触碰水面时会自然倾斜，装满水后瓶身自动竖起，与水面保持平衡，这种奇特现象与近代物理学中重心原理惊人地相似。尖底彩陶瓶造形设计得科学合理，充分显示出早在5000多年的先民们的聪明才智和高超的技艺，同时也体现了马家窑类型彩陶令人惊叹的艺术成就。这就是后来被学术界认定为马家窑类型彩陶中最具代表性的器物——尖底彩陶瓶。

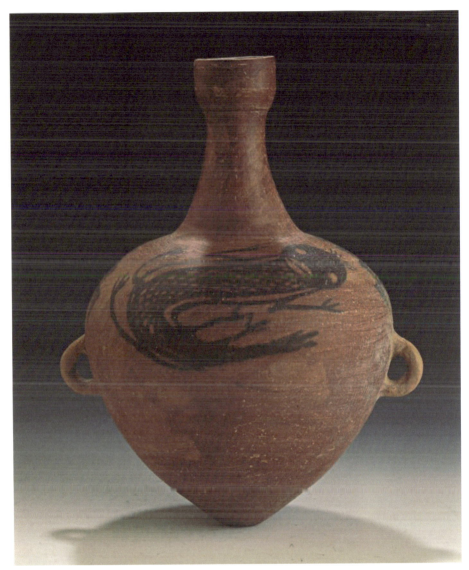

　　尖底彩陶瓶在陇西吕家坪的出土，真实再现了陇中一带先民们以高超的造型能力和出神入化的表现手法，神奇地创造了最能显示出在当时历史条件下所标志的最先进的生产力和文化水平，是彩陶文化发展的里程碑。

　　尖底彩陶瓶被列为国之瑰宝是理所当然的，也是当之无愧的。

（图片摄影：梁　栋）

仰韶文化三鱼纹大盆

原野

　　"文博堂"是一座集古代陶瓷、明清家具、奇石的二层私人收藏馆。热情的主人又将我带到这件仰韶文化半坡类型鱼纹大盆前，对我娓娓道来：数千年前，仰韶文化如第一缕曙光，照亮了中华文明的漫漫长河，纵横千里，绵延千年，成为黄河流域影响最大的一种原始文化。汉族的前身"华夏族"，最早就发迹于黄河流域，1921年在河南省三门峡市渑池县仰韶村诸多考古发现，如陶器制造、纺织做衣、绘画雕塑、文字、历法……所以后来被史学界一致公认，确定为仰韶文化。

此件"仰韶文化二鱼纹大盆"高18厘米，直径37厘米，器型硕大，墨线灵动，鱼纹写实抽象，族群鱼图腾崇拜跃然纸上，彩陶工匠绘鱼功力不凡。

仰韶文化出现的陶器图饰显著特点，最多的就是鱼类水族纹、人面鱼纹等。人和鱼复合体纹彩陶多见出土，缘由是仰韶文化时期原始先民认为鱼是人类的始祖。当时的族群崇尚鱼图腾，鱼图腾成为当时最多的彩陶图样，这不是偶然的。原始祖先沿河而居，彩陶工匠不制陶时，可以天天看鱼游、听鱼声、追鱼踪，现实写实的鱼影，幻觉抽象的鱼形，天天在自己的脑河里游荡。所以，彩陶工匠一旦画起鱼来，随手儿笔，得心应手，虚实结合，游刃有余。

由此可见，源远流长的仰韶文化是由原始的先民从长期的生产实践中而逐步形成的，是经过一个从具象到抽象的演变过程，同时认证了中国的传统文化源头之一是遥远的仰韶文化。

现在收藏界有句行话：有一件史前仰韶文化彩陶收藏精品，就可以称之为彩陶收藏名家。收藏名家的评判并不是以量取胜，而是以质定论的，文博堂主人、当代古陶瓷学者梁志伟如是说来。

（图片摄影：梁 栋）

辽三彩马头带柄壶

原野

　　文博堂的古陶色彩多为土黄色，我指着一只带彩的马头壶对堂主说，这件唐三彩不错，梁老师对我笑了笑回答，这不是唐三彩而是辽三彩。唐三彩，因以黄、绿、白三色为主，人们习惯称之为"唐三彩"。又因其最早、最多出土于洛阳，亦有"洛阳唐三彩"之称。

　　唐三彩不属于正统的汉文化，可以界定为汉人、西域胡人等来中原后所形成的杂交文化。尤其"以肥为美"唐贵妇俑，的美学艺术风格，享誉古今中外。

而到了辽三彩时期，三彩釉器之器型就渐渐瘦了起来，奇了起来，马背上的民族以及其他少数民族的艺术风格特征就更明显显示出来了，这也是鉴定唐三彩器与辽三彩器的美学艺术风格之诀窍。

此件"辽三彩马头带柄壶"，高19厘米，直径17厘米。器型瘦高，马头下的马之头颈比较长，汉代以及后期，汉族使用的器物，如马头装饰器物，一般就是马首露出一点来，稀见马头长颈也会伸出来。此件带柄壶，应该属于马背民族打仗出征时，随身携带的水壶，流传到现在，就变成一件不可多得的少数民族三彩艺术收藏品。受唐三彩影响辽代生产的低温彩色釉陶制品，多用黄、绿、褐二色釉，器型中的方碟、海棠花式长盘、鸡冠壶、筒式瓶等，富有契丹民族的风格。所烧三彩釉陶器胎质细软，呈淡红色，釉色娇艳光洁，可与唐三彩媲美。与唐三彩的区别除胎土不同外，主要是辽三彩中无蓝色，施釉不交融，釉面少流淌。辽瓷最早烧制年代到底始于何时，尚无确切证据可考。但从有确切年代的墓葬出土的器物中，发现在辽穆宗应历年(951-969)以前就已有了黄、绿单色釉陶器，可以断定这时已经有三彩陶器。

辽三彩的特征胎质细洁松软，呈淡红色，多数施化妆土，釉色鲜艳，釉色中不见蓝色。辽三彩在承袭了唐三彩传统手法的基础上，有了自己特点的发展，在我国陶瓷发展史上具有一定地位。

在古代华夏文明地区，制陶技艺已经有万年左右。可以说，中华民族发展史中的一个重要组成部分，就是陶瓷发展史，中国人在科学技术上的成果以及对美的追求与塑造，在许多方面都是通过陶瓷制作来体现的，并形成各时代非常典型的技术与艺术特征。

因此，我们可以自豪地说：华夏古代文明真可谓是一部闪烁璀璨夺目的陶片光芒，渗透华夏沃土芳香的文明史，一部丰富、璀璨和生动的名符其实的"伴泥而行"的文明史。

（图片摄影：梁 栋）

《新民晚报》2020年5月7日第19版

齐家文化长颈带链袋足鬶

原野

文博堂有一件高大威武酷似古代武士模样的器物，主人对我说，这是齐家文化大型三足长颈壶。它应是齐家文化的产物。2200年至公元前1600年的齐家文化，地跨甘肃、宁夏、青海、内蒙古等4个区，是由马家窑文化发展而来，以中国甘肃为中心地区的新石器时代晚期文化，已经进入铜石并用阶段，其名称来自甘肃广河县齐家坪遗址。

此件齐家文化大型三足长颈壶，高48厘米，直径29厘米。齐家文化陶器的美学风格可以概括为"简洁"、"光素"，制陶技术仍以泥条盘筑法了制为主，部分陶器经慢轮修整，有一些陶罐的口、颈尚留有清楚的轮旋痕迹，主要是泥质红陶和夹砂红褐陶，一些器物的表面施以白色陶衣。大量陶器是素面的，有些罐类和三足器。

中国当代喜欢收藏古玩器物的文人学者，大都推崇宋代器物的简约主义的审美风格。齐家文化陶器类型按功能来说，可分为生活和生产两大类，其中生活用具数量居多，可做饮食用具的有罐、瓶、杯、壶等；可做蒸煮用具的有鬲、甑等，陶罐用脚撑起也兼具炊具的作用；瓮、罐等器物多用于盛放谷物或饮食之用；另外，器盖也是齐家文化中常见的陶器类型，说明齐家文化时期，人们对饮食卫生也是相当讲究的。

此外，有些遗址上还发现有数量不多的尖底器，这算是远古文化的依存，同时也是旧有生活习惯的沿留。生产工具包括造型各异的纺轮，用于陶器制作加工的陶拍等。

其实，距今八九百年的宋代简约主义的审美风格，可以链接到距今三四千年的齐家简洁主义的审美风格。或者直接可以说:宋代文化的简约主义审美风格与齐家文化的简洁主义审美风格是一脉相承的。齐家文化绚丽多姿的陶器，向我们展示了史前齐家文化时期人们多样的生活用具，也为我们透露了这一时期人们的饮食习惯和经济发展信息，显示了齐家文化的深厚魅力和悠久的历史文明。

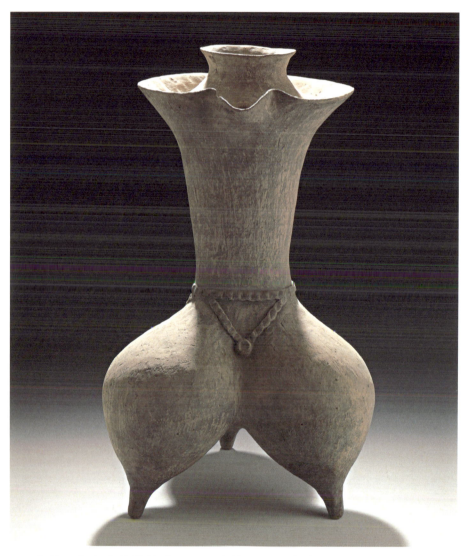

　　当然，齐家文化的简洁主义又直接可以直接追溯到红山文化的精简圆润主义。此件"齐家文化大型三足长颈壶"，上半部是典型的齐家文化美学风格，线条简洁，线条挺拔。而下半部三足鼎立的饱满风格，源于红山文化风格的线条的——圆润。

　　随着齐家文化研究的不断深入，齐家文化已成为探索中华文明形成与早期发展的重要研究对象之一，在海内外影响日益扩大。

（图片摄影：梁　栋）

秦汉仿青铜加彩双耳陶壶

原野

上海民间古陶瓷收藏馆珍藏了不少神秘、厚重的古陶文化器物。我惊奇地发现了一件硕大的青铜器，主人微笑地回答，这不是青铜器而是仿青铜器古陶。中国古代青铜器源远流长，绚丽璀璨，有着永恒的历史价值与

艺术价值，传世和近年发现的大量青铜器表明，战国时代的陶器采用较多的高浮雕附饰，但线条轮廓有浑圆感，与晚期浮雕轮廓线峻直锐利的风格不同。

此件战国至汉仿青铜器纹样双耳壶，高48厘米，直径46厘米。很有可能就是铸造青铜器前的陶样，类似饕餮纹如意纹回纹蚩尤双耳，都带有浓重的青铜器纹饰意味。而壶型是典型的汉代标准器陶壶形。战国之后仿青铜器纹样一般造型为敞口、颈部内收、折肩、鼓腹。青铜器自身有着一个完整的发展演变系统。自夏、商、周至秦、汉整个青铜器发展史,大约可以分为十三期：即夏二里头文化期,商、西周、春秋各为早、中、晚深深打上时代的烙印，有些器物的形状，多有开战争斗之意。把握住战国时期器物的审美特征，区分战国与秦汉后的器物，就相对容易。

当然，在两个朝代连接时期的器物除外。史前彩陶器型被商周青铜器模仿之后，形成了青铜器标准器型。战国秦汉之后，陶器又模仿青铜器器型，实际上是反哺影响，你中有我，我中有你。

史前陶器器型永远是商周之后出现的青铜器器型的前辈，这不容置疑。很有可能，青铜器工匠铸造青铜器前，先做几个容易做的陶器器型打样，器型纹饰满意后，再正式浇铸青铜器。

这是一件罕见的青铜器纹样陶壶，对研究陶器与青铜器之间的互相影响，具有活生生的文物史料实物研究价值。

（图片摄影：梁 栋）

祝贺《上海收藏家》报发刊300期

原野

　　1986年6月10日，《上海收藏家》报在上海滩创刊了，主编由时任至今的上海收藏协会会长吴少华亲自挂帅，标志着中国第一家省市级收藏组织和第一份收藏报，正式诞生了。

　　《上海收藏家》作为宣传中华优秀传统文化、弘扬中华收藏文化的专门窗口，重视对增强与提升民族的收藏意识、弘扬中华收藏文化，积极宣传、贯彻文物保护法和有关政策，保护、抢救、开拓各种民间收藏品，提高广大收藏爱好者的收藏品位、收藏技艺，引导广大收藏爱好者配合政府逐步规范民间收藏品市场、促进收藏活动的健康发展，为社会主义物质文明和精神文明建设做贡献。而且团结全市收藏家、收藏爱好者和收藏组织，积极开展本市民间收藏交流活动，提高广大收藏爱好者的鉴赏水平、规范民间收藏品市场、促进收藏活动的健康发展，重视对社会精神生活和人们思想意识传统文化教育。认真依靠全市收藏爱好者群策群力，发挥协会的窗口作用。及时报道了多姿多彩的收藏活动，更引人注目的是头版的"收藏论坛"系列评论，全面系统而富有前瞻性，其中不少精彩的评论还多次被《人民日报》、《中国青年报》、《中国文物报》、《解放日报》、《新民晚报》及《收藏》杂志等报刊转载，引起社会的广泛关注。《上海收藏家》报创刊已300期了，由双月刊发展到月刊，发行量也从2000份增至10000份。另外，编辑部还不定期编印彩色版《上海收藏家》报特刊，发行超过1万份，其辐射面与影响力令人瞩目。上海市收藏协会已拥有注册会员近6600名，下设集报、交通票证、钟表、中医秘方、旅游文化、扑克牌、股票、连环画、火铜章、彩票、玉器、陶瓷、书画13个专业委员会，另有可口可乐、女红、红楼梦等多个专题收藏沙龙。经过努力，增强与提升了市民的收藏意识、弘扬中华收藏文化，宣传、贯彻文物保护法和有关政策，保护、抢救、开拓各种民间收藏品，提高广大收藏爱好者的收藏品位、收藏技艺，引导广大收藏爱好者配合政府逐步规范民间收藏品市场，促进收藏活动的健康发展，为社会主义物质文明和精神文明建设作出了不可估量的成绩。为海派收藏和"家国情怀"的华夏优秀传统文化提供了坚实的思想保证和基础。

"事业无止境，浓墨书华章。"《上海收藏家》报创刊300期，已走过33个春秋，她凝聚着既往的辉煌，更预示着新的起点和号角。《上海收藏家》始终坚持正确舆论导向，提高舆论引导能力，营造良好舆论环境，更好地发挥宣传报道作用：继续办好"收藏论坛"紧帖时代主旋律；积极关注"收藏界"动态，及时报道多姿多彩的收藏活动；精心打造"大观园"努力展示海派文化的亮点；重视抓好"云州古玩"认真规范收藏市场建设。中国文化艺术几千年源远流长的历史，也凝聚着文艺收藏的风云沧桑。社会文明的整体进步，在促进文艺创作繁荣的同时，也推动文艺收藏的蓬勃发展。收藏品不仅是财富，更是品位、修养、以及地位的象征。尤其是近年来众多企业参与收藏，充分展示现代企业的层次和魅力，使其在激烈的商战中永远成为大众关注的对象。收藏在改变人们物质生活的同时，也提升着人们的精神生活。如果说，藏品之于内府，不过是众多国家财产中一部分而已；而对于私人收藏家来说，每一件都有非同寻常的意义。每一件藏品的各个细节：色调、神韵都了然于胸，而且熟知关于它的故事和传奇。它的得与失、来与去、聚与散都与你息息相关。因此，说收藏可以陶冶情操、修身养性是有道理的。它要求收藏者具备理性的经济头脑的同时，还要有很好的艺术的修养。收藏者在收藏的过程中，潜移默化地将自己培养成理性和感性结合得相当和谐的现代人。这就要求我们《上海收藏家》报：首先，要牢记使命，认真学习新时期中央关于收藏工作的指示精神，明确掌握工作重点；其次，多渠道、多形式开展各项健康的收藏活动，切实关注收藏工作中的热点；继续保持发扬海派收藏特点，不断总结经验，将过去的成绩作为新的工作起点。

《上海收藏家》2019年11月12日第3版

后记

　　大凡有情趣的人，都有自己喜欢的爱好，对我具体来说就是钟情于奇石、根艺、瓷陶和杂件的收藏。每次遇见心仪藏品，总想收下来，当然它们应该符合"原野"的审美要素，即："原"出于山林之间，形体本"色"本"样"，独具特色；"野"生于自然之中，本体原"质"原"位"，别具风格。并且能具备形体自然，材质天然，纹理井然，品相超然的本质。

　　日积月累，我的书房、橱内、阳台和储藏室摆满了无数藏品。为了寻觅这些"宝贝"，我几乎跑遍了山西相关中州郑州全国不少产地市场。它凝聚了我的心血汗水，更透现了我对收藏热爱的一份真情。为学习和提高收藏水平，我曾多次应邀参加专业展会活动。2012年5月，我首次兴奋地收到了中国国际古玩收藏协会等三家单位联合寄来的证书和奖牌。我的黄花梨根抱石作品《愚公移山》荣获了第四届"百慧杯"中国艺术家具"匠心神工"精华大赛工艺品类创意金奖；2013年微雕《徽商的故事》获工艺品类创意银奖；2014年我收藏的陶艺"四季平安"（杨庆焜原作）参加了"上海工艺与生活展"，荣获了"最受欢迎作品"称号；2018年11月我的《泥石·一带一路》作品，选送"上海工艺美术学会成立30周年资料图片展"和2019年10月《灵璧·长城》作品，参加的"第八届'上海金秋一画一器'艺术作品展"，先后都荣获了上海工艺美术学会颁发的优秀作品奖。2015年我的《原野收藏拾趣》一书，由香港经典书局出版。2018年我的《原野收藏拾经》由文汇出版社出版。我的不少文章经报上公开发表后，总能引起一些反响，尤其得到收藏界同仁的关注。例如2014年12月6日刊登于《新民晚报》B10版的"化腐朽为神奇"一篇文章，先后引起了全国（包括香港、台湾）六十多家新闻媒体转载发表（见备注）。2019年在上海市收藏协会吴少华会长的勉励下，在短短的一年时间里，我又顽强努力完成了《原野收藏拾粹》新书撰稿工作，从而努力成为一个名副其实的收藏玩家、快乐玩家。

俗话说"精诚所至，金石为开"其实，搞收藏，对我来说，并不是一件容易的事情，家有两位九十多岁老人需照顾，其中父中风住院后，我还要兼顾两边跑，在同时照顾好父母前提下，抽时间、搞收藏、写文章。几年来，我坚持始终如一。我认为收藏是一项辛勤的劳动，需要有一种锲而不舍的精神。俗话说"天道酬勤"只要有恒心，坚持不懈的努力，一定会取得成功；收藏不仅是一种益智怡情的爱好，更是一门博大精深的学问，通过收藏还能获得一种难以言表的收藏快乐和健康精神生活。

总之，我的收藏之路，既有老师的鼎力指导和热情帮助，也有自己的执着追求和不懈努力。诚然，一本书的完成，仅靠个人的力量是远远不够的，需要更多人的默默无私奉献。在此我要特别感谢《新民晚报》祝鸣华老师、原《劳动报》副总编吕冬发老师、《上海收藏家》报副主编顾惠康老师、上海三联书店钱震华老师，他们曾在本书的出版中提出了许多宝贵意见并付出了很多心血。这些弥足珍贵的情谊，让我永志不忘；同时，我还要感谢曾经热忱关怀并给我收藏指导帮助的原《劳动报》资深编辑梁志伟老师、文汇出版社编辑甘棠老师、画家吴耀明老师，他们也是我收藏中领路人，难忘的启蒙老师。

《原野收藏拾粹》是一本休闲的书、是一本摆脱烦躁放松心情的书，是旁征博引，文质兼美的书，是一本有份量、有品位的好书。三月的上海已然入春，它是美丽的季节，万物复苏的季节，也是我这本书即将完成的季节，宛若早春的蝴蝶湾花园，柳色尚浅、桃李未开，但已经春意浓浓了。让我们抖掉一泓清泉润泽心田、恰似温馨、明媚的春光，撒下一片美丽，给予有着共同兴趣和爱美之人，提供一席可供静心歇脚的交流之地。

王炳奎

2020年3月20日

《新民晚报》2020年5月7日第19版

备注：

1 "化腐朽为神奇" 《新民晚报》2014年12月6日

2 网易新闻http://news.163.com/14/1206/15/ACPRJNB800014AED.html

3 手机网易网http://3g.163.com/news/14/1206/15/acprjnb800014aed.html

4 和讯网http://news.hexun.com/2014-12-06/171169267.html

5 天津网http://www.tianjinwe.com/rollnews/201412/t20141206_685867.html

6 华夏收藏网http://news.cang.com/infos/201412/367799.html

7 义博国闻http://www.e855.com/a/63vt4U_aDoHW7ipTLt2cWufWLJhJLNwIQLmc/uH3otEnB8yFu.html

8 新浪收藏http://collection.sina.com.cn/plfz/20141210/1356172806.shtml

9 中国网http://news.china.com.cn/rollnews/news/live/2014-12/11/content_30311169.html

10 中金在线http://collection.cnfol.com/zonghezixun/20141211/19670865.shtml

11 中国经济网http://www.ce.cn/culture/gd/201412/11/t20141211_4099818.shtml

12 中国翡翠网http://feicui168.com/redianshoucang/news123086.html

13 雅昌网http://news.artron.net/20141210/n688111.html

14 辽宁大连收藏信息http://www.818u.com/dalian/shoucang/a21657012.html

15 文化发展http://www.ccmedu.com/bbs13_238432.html

16 博艺网http://xlshy.net/article/2014/12/34728.html

17 威海传媒网http://wh.weihai.tv/culture/art-cyclopedia/131353.html

18 中国海西艺术网http://www.haixiart.com/a/shoucang/zaxiang/2014/1210/16804.html

19 晒晒网http://www.ccid.com/article-445796-1.html

20 极藏艺术网http://www.cnsc99.com/zonghezixun/20141211/13919.html

21 壁纸屋http://www.bzhi5.com/news/2014_1206_15_acprjnb800014aed/

22 中国日报网http://www.chinadaily.com.cn/hqcj/xfly/2014-12-11/

content_12877198.html

23 善者文化http://bbs.shanzhe.net/forum.php?mod=viewthread&tid=2900

24 江苏美术家网http://www.jsmsj.org.cn/Article_Show.asp?ArticleID=50971

25 大河网http://edu.dahe.cn/2014/12-11/103906584.html

26 上海现代服务业http://www.ssfcn.com/detailed.asp?brand=2&id=546259&species=15

27 志趣网http://www.bestb2b.com/business_55211316.htm

28 沪赣促进网http://www.hg1988.com/detailed_fw.asp?id=546259&species=15

29 中国策划网http://www.eman365.cn/news/jd/2014-12-11/458017.html

30 人民网http://culture.people.com.cn/BIG5/n/2014/1211/c172318-26188930.html

31 人民美术网http://www.peopleart.tv/63364_1.shtml

32 中国台湾网http://travel.taiwan.cn/list/201412/t20141211_8326383.htm

33 威海传媒网http://wh.weihai.tv/culture/art-cyclopedia/131333.html

34 中国文学网http://bbs.cnwxw.com/wenxuepinglun/wenxuezhengming/2014-12-12/2430.html

35 中国国家美术家网http://www.zggjmsjw.com/bencandy.php?fid=42&id=8710

36 长城网http://news.hebei.com.cn/system/2014/12/11/014523778.shtml

37 中国艺术金融网http://artfinace.com/a/zaoxing/20141211/1874.html

38 中国文化传媒网http://www.ccdy.cn/chanye/dongtai/201412/t20141211_1033750.html

39 中国艺术新闻http://www.cnarts.net/cweb/news/read.asp?id=302325&kind=%D2%D5%CA%F5

40 珍玩网http://www.zwanw.com/portal.php?aid=9018&mod=view

41 兜底儿网http://sc.doudier.com/view/review/20141210/91784.html

42 海外网http://china.haiwainet.cn/n/2014/1211/c345646-21523979.html

43 盆石根艺网http://www.psgy.org/thread-1827-1-1.html

44 818.COM 同城网http://www.818u.com/dalian/shoucang/a21657012.html

45 人民币收藏网http://www.aa9b.cn/8.php?id=44618

46 中国红木网http://www.hongmu.info/a/art/wenwanzaxiang/41138.html

47 水墨画廊http://www.shuimohua.com/information/shuimohua/62/n-137162.html

48 汉丰网http://www.kaixian.tv/gd/2014/0215/2082464.html

49 中国江苏网http://cul.jschina.com.cn/system/2014/12/11/022903745.shtml

50 中搜讯http://zixun.zhongsou.com/faster/24/f0e6266d77036df9d0bf3c0ed87fff59.html

51 钱币交易新浪博客http://blog.sina.com.cn/s/blog_7daffdfe0102vdxc.html

52 博弈真人http://www.216999.com/view−984−1.html

53 根艺艺术http://news.artron.net/20141210/n688111.html

54 新民网http://xmwb.xinmin.cn/html/2014−12/06/content_30_3.

55 泉友之家http://wz.cpt001.com/thread−544465−1−1.html

56 资讯活动http://www.0574123.com/hotsNc%21detail.shtml?id=1312711

57 新浪河北http://hebei.sina.com.cn/wenhua/auction/2015−06−23/07152979.html

58 广州御藏http://www.gz−royal.com/zaxiangjianshangzhishi/genyiyishu−huafuxiuweishenqi.html

59 新民晚报"化腐朽为神奇" 2014年12月6日http://xmwb.xinmin.cn/xmwb/html/2014−12/06/content_30_3.h

图书在版编目（CIP）数据

原野收藏拾粹/王炳奎著.
－－上海：上海三联书店，2020.

ISBN 978－7－5426－7065－6

Ⅰ.①原… Ⅱ.①王… Ⅲ.①收集—文集

Ⅳ.①G262－53

中国版本图书馆 CIP 数据核字（2020）第 096190 号

原野收藏拾粹

著　　者　王炳奎

责任编辑　钱震华
装帧设计　陈益平

出版发行　上海三联书店
　　　　　（200030）中国上海市漕溪北路 331 号
印　　刷　上海晨熙印刷有限公司

版　　次　2020 年 8 月第 1 版
印　　次　2020 年 8 月第 1 次印刷
开　　本　700×1000　1/16
字　　数　280 千字
印　　张　17.5 印张
书　　号　ISBN 978－7－5426－7065－6/G·1562
定　　价　98.00 元